5% 高配当投資術

新NISA + J-REIT で 月5万の「余裕」をつくる。

経済ジャーナリスト
酒井富士子

秀和システム

はじめに

世は**新NISA**ブームに沸いている
日経平均は4万円超え
貯蓄から投資へ
悪いことではない
むしろ歓迎すべきだ

しかし、どこかで
ちょっと寂しい気持ちなのが
「大人の男」なのである

筆者は女性ではあるが
「見た目おばさん、中味おっさん」と
呼ばれ続けてきた身なだけに
その寂しさがわかる

**新NISA施行で
無期限の積み立て投資ができる！**
確かにその通りだ

新NISA＋J-REITで月5万の「余裕」をつくる。

高配当5%投資術

3

だが、振り返ってみて欲しい

あのバブル崩壊以降

貯め続ける人生ではなかったか？

正直、**貯め疲れ**を感じてはいないか？

そんな貴兄の期待に応えるのが、本書

高配当5%投資術

新NISA＋J-REITで

月5万の「余裕」をつくる。

である

われわれ

大人の男には

J-REITがある

主流派のやつらには

見向きもされない

インフレ上等の

上昇相場からも置いてけぼり

兜町の片隅で、ただひっそりと

身をかがめている

だが、実はコツコツと

確実に成すべきことを成す

本当は頼りになるいいヤツなのだ

新NISA＋J-REITで月5万の「余裕」をつくる。

高配当5%投資術

断言しよう
こういうヤツは**絶対モテる**

J-REITと付き合っておけば
輝かしい未来が待っている

連れ合いとの旅行費用
部下や取引先の慶事
「男として、ここは
**　　出しておきたい！」**
なんてシーンでも頼りになる

J-REIT 5％投資は
一生涯続く

一時のことではない
ていねいに着古した
戦闘服を脱ぐことを
考えなければならないいま

高配当な男をめざして
いまこそ飛び立つのだ！　男たちよ！

2024年5月　吉日
経済ジャーナリスト
酒井 富士子

Contents

01 老後2000万円問題の真実   11

02 高配当5％投資の本命J-REIT   21

AP 銘柄リスト　　　　　　　128

Column

「銘柄リスト」の読みかた

現在、東京証券取引所に上場されているJ-REITは58銘柄。各社の銘柄データから、その特徴をつかもう。株価（投資口価格）は2024年3月18日現在の、その他のデータは2024年3月末時点の公表データによる。

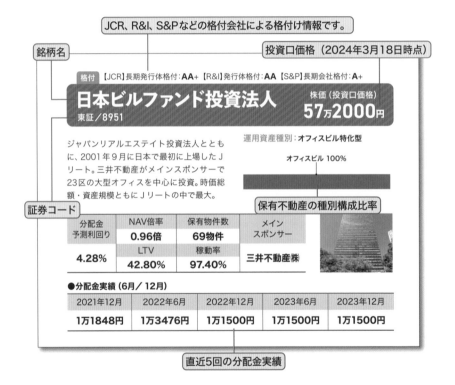

JCR、R&I、S&Pなどの格付会社による格付け情報です。

銘柄名

投資口価格（2024年3月18日時点）

格付 【JCR】長期発行体格付：**AA+** 【R&I】発行体格付：**AA** 【S&P】長期会社格付：**A+**

日本ビルファンド投資法人
東証／8951

株価（投資口価格）
57万2000円

ジャパンリアルエステイト投資法人とともに、2001年9月に日本で最初に上場したJリート。三井不動産がメインスポンサーで23区の大型オフィスを中心に投資。時価総額・資産規模ともにJリートの中で最大。

運用資産種別：**オフィスビル特化型**

オフィスビル 100%

保有不動産の種別構成比率

証券コード

分配金 予測利回り	NAV倍率	保有物件数	メイン スポンサー
4.28%	**0.96倍**	**69物件**	**三井不動産㈱**
	LTV	稼動率	
	42.80%	**97.40%**	

●分配金実績（6月／12月）

2021年12月	2022年6月	2022年12月	2023年6月	2023年12月
1万1848円	**1万3476円**	**1万1500円**	**1万1500円**	**1万1500円**

直近5回の分配金実績

項目	分かること	意味
NAV倍率	割安感・割高感	J-REITの純資産価値に対して投資口価格が何倍であるかを示す指標。
LTV	安全性 （低いほど安全）	保有不動産の評価額に占める借入金の割合。

Chapter 01

老後2000万円
問題の真実

長生きの時代になってしまった。考えないようにしているが、
やはり、セカンドライフのお金のことが気になるのだ。
この不都合な真実について、まずは考えてみよう。

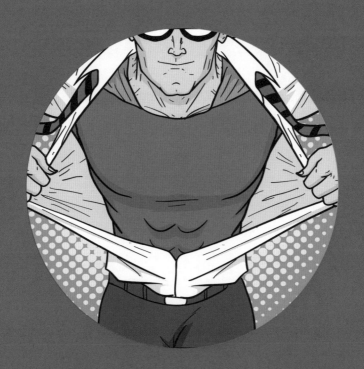

月5万円足りないが30年続いたら…元本割れに怯えるな

老後のお金が漠然と心配なのは、誰もが同じだ。しかし、ちょこっと耳にする「老後2000万円」問題は本当なのか？

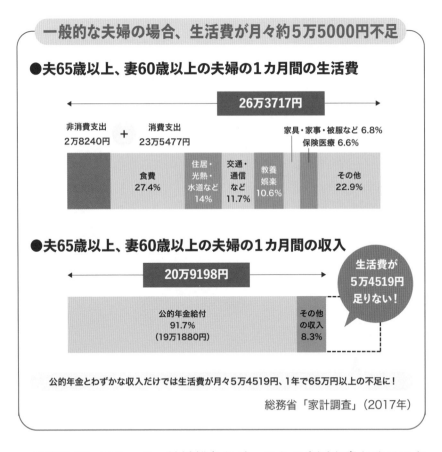

一般的な夫婦の場合、生活費が月々約5万5000円不足

●夫65歳以上、妻60歳以上の夫婦の1カ月間の生活費

26万3717円

非消費支出
2万8240円 ＋ 消費支出
23万5477円

家具・家事・被服など 6.8%
保険医療 6.6%

| | 食費 27.4% | 住居・光熱・水道など 14% | 交通・通信など 11.7% | 教養娯楽 10.6% | | その他 22.9% |

●夫65歳以上、妻60歳以上の夫婦の1カ月間の収入

20万9198円

| 公的年金給付 91.7%（19万1880円） | その他の収入 8.3% |

生活費が5万4519円足りない！

公的年金とわずかな収入だけでは生活費が月々5万4519円、1年で65万円以上の不足に！

総務省「家計調査」（2017年）

　災害やパンデミック、地域紛争など、日々の生活を脅かすリスクは私たちの周りに溢れている。しかし、日本人はどこか呑気に暮ら

しているのか、はたまた、医療の発達の恩恵が大きいのか、順調に平均寿命を伸ばしてしまっている。

はじめて東京オリンピックが開催された1964年の日本の平均寿命は男性が約67歳、女性が約72歳だった。それが、2023年は、男性が約81歳、女性が約87歳となっている。60年間で男女とも、15年前後も伸びていることになる。平均寿命は今後も伸び続け、2065年には、男性が約84歳、女性が約91歳になるという。男性の４人に１人、女性の２人に１人が90歳まで生きる時代となっている。

月5.5万円足りないと、30年で1800万円

そして「老後2000万円」問題である。これは、金融庁の審議会が2019年３月に報告した「高齢社会における資産形成・監理」の中に、収入が年金中心の高齢夫婦の世帯は、収入よりも支出が<u>上回</u>るため、平均で毎月およそ５万円の赤字となる。これが30年続けば、およそ2000万円が必要になると試算して、この分は貯蓄などの金融資産から取り崩す必要がある、と指摘したことが大きく報じられたためだ。しかし、この数字だけを見ると、もっともな気がしてしまう。怒ったり、嘆いたりしても仕方がない。現実なのだ。

「長生きリスク」という言葉は大嫌いだが、われわれ日本人はお金の面で、この問題に直面してしまっているといえるのだ。

■ POINT

☑ この60年で平均寿命は15年伸びている

☑ その結果老後2000万円問題という金銭リスクが顕在化

2000万円貯めて喜んでいる やつ、ちょっと出てこい

では、60歳時2000万円が貯まっていたらそれでOKなのか。
そんなわけはない。自分のこの先に起きることを考えよ。

老後2000万円問題が話題になった時は、新聞・テレビからSNS
まで非難の嵐となった。「われわれ貧乏人に死ねというのか」「われ
われ、自営業はデータ並みの年金すらもらえない」「退職金や企業
年金をもらっていれば、それで2000万円問題は解決するのか！」
など、多くは2000万円という巨額の資金が必要という報告書に驚
き、非難する議論ばかりだった。

しかし、あれから5年が経った今。新NISA（詳しくは3章参照）
制度がスタートし、投資上限枠は1800万円と設定された。そして、
20〜30代の資産形成層はもちろんのこと、筆者の周りにいる50〜
60代もこぞって新NISAを始めている。誰もが「やはり2000万円
をどうにか貯めよう」と腹落ちしたようである。

2000万円でどこまで賄えるのか

2000万円は大きな数字である。もし、貯められたら、その達成
感たるや感動の世界だろう。ちなみに、2000万円貯まったらそれ
で安心なのか。右図に60歳以降にかかる費用の例を紹介している
が、もしも、古くなったマイホームをリフォームしたら、すぐに
500万円など飛んでいってしまう。介護費用も切実だ。在宅介護が
10年も続いてしまったら、月5万円の赤字では済まない。施設に

入居すれば、入居一時金や毎月の介護費30万円もザラだ。残念ながら、たかが2000万円でもあるのだ。

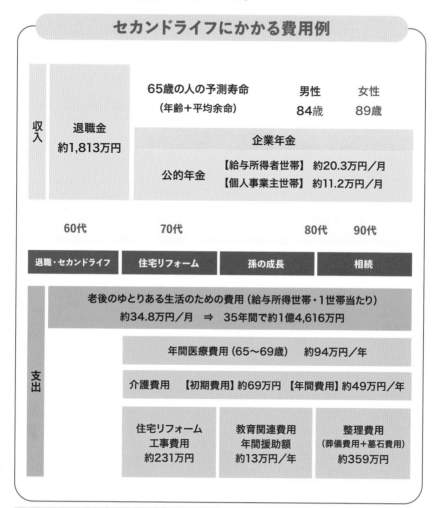

セカンドライフにかかる費用例

収入	退職金 約1,813万円	65歳の人の予測寿命 （年齢＋平均余命）		男性 84歳	女性 89歳

65歳の人の予測寿命（年齢＋平均余命）　男性 84歳　女性 89歳

	企業年金	
公的年金	【給与所得者世帯】　約20.3万円／月	
	【個人事業主世帯】　約11.2万円／月	

60代	70代	80代	90代
退職・セカンドライフ	住宅リフォーム	孫の成長	相続

老後のゆとりある生活のための費用（給与所得世帯・1世帯当たり）
約34.8万円／月　⇒　35年間で約1億4,616万円

年間医療費用（65〜69歳）　約94万円／年

介護費用　【初期費用】約69万円　【年間費用】約49万円／年

住宅リフォーム 工事費用 約231万円	教育関連費用 年間援助額 約13万円／年	整理費用 （葬儀費用＋墓石費用） 約359万円

収入／支出

■ POINT

☑ 2000万円は定期預金で貯めると33年かかる金額

☑ リフォームや介護を考えると、すぐに無くなる金額

100回言うぞ
貯めることは目的ではない

つまり、2000万円を貯めることは目的ではないのだ。それをどう
使っていくかに戦略が必要なのだ。

　つまるところ、読者の皆さんは、今からでも2000万円を貯める
べく、行動を起こしたほうがいいのは確かだろう。この本で、ライ
フプランやセカンドライフのマネープランについて伝授するつもり
はないので、各自で考えてみてもらいたいのだが、理想的なイメー
ジは下図に紹介している。

　まず、60歳で定年を迎える人は多いだろう。その時点で退職金
を受け取ったり、企業年金を受け取る権利を得たり、積み立ててい
た生命保険や個人年金が満期になったりする人もいるだろう。それ
で、手持ち貯蓄と合わせて2000万円を達成できる人もいるかもし
れない。しかし、そこでその金に手を付けるのはNGだ。

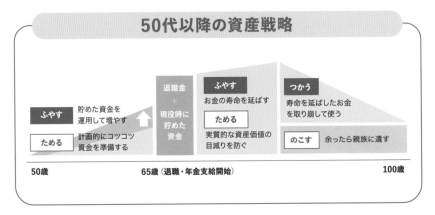

2000万円をいつ、どのように使うのか？

　まず気になるのは、住宅ローンだろう。60歳の時点で1000万円以上の住宅ローンの残債がある人は多い。借金を返したい気持ちはあるだろうが、ここはぐっと我慢して、やはり、転職や雇用延長などで、65歳までは働くことが大切だ。何せ、年金を受け取るのは65歳からだ。その前に貯蓄を取り崩すなどありえない。働くことだけが、解決策となる。住宅ローンも65歳まで同じように返済していくしかないのだ。

　それでも、60歳を超えると、子どもが独立する人が多いだろうから、毎月の積立額を増やすことはできるだろう。子どもがいなくなり、家計に余裕ができたと思って、配偶者が仕事を辞めたり、贅沢な暮らしをしたりするのはNG。月10万円など積立額を増やすことが大切だ。

　65歳から年金生活になったとしても、できれば、2000万円に手を付けるのは待ってもらいたい。65歳といえば、元気ハツラツ、まだまだ働ける世代だ。フルタイムの会社員生活ではなく、週2〜3日、あるいは午前中だけなど、緩やかな形で月5万円でも稼げれば、赤字補てんになり、2000万円を温存できるはずだ。手持ち金を取り崩すのは、早くて70歳。入院や介護などあればおのずと必要になる。

■ POINT

☑ 今からでも遅くない。資産形成は今日から始める

☑ 貯まった資産を取り崩すのは70歳になってから

貯めた金の使い方を
知っているやつが最後に笑う

資産をつくっても、使うのは70歳からというと、お金も時間も体力もある60代を節約してすごすと思ったら、それは大間違いだ。

60代の黄金期をどう楽しむ？

海外旅行
60歳以上 男性 　60歳以上 女性
約**28万**円 　　約**30万**円

ピアノ個人レッスン
1回30分　月3回
約**9500**円～約**1万1500**円

大学の公開講座(オープンカレッジ)
英会話　全10回
約**3万4000**円

乗馬レッスン
全3回
約**5万5000**円

　65歳まで働け、資産の取り崩しは70歳から、と言われると、シュンとしてしまう読者も多いかもしれない。

しかし、筆者は60歳を過ぎても、9時から17時までガムシャラに働き、残業もして、現役時代と同じ生活を送れとは言ってはいない。60代は、子どもが独立した分、家計には余裕がある。そして、何より現役ではないので、残業して24時間働けますか？　というスタンスが求められているわけではない。報酬もそれなりに、現役時代よりは少なくなっている。働きはするが、残業はめったにしない、休暇もたくさん取るという時間に余裕を持つことも大切だ。

　そして、何よりまだまだ頭も体も元気いっぱいだ。金もある、時間もある、体力もある。黄金の60代に働くだけはもったいない。

今後30年間どう過ごすかの楽しみを探す

　60代こそは、自分時間の充実を図ることがある意味、最大のミッションといえる。筆者の周りの友人は、金のある人ほど「割引の鬼」だ。たとえば、JR東日本の「大人の休日倶楽部パス」という制度があり、指定された期間にJR東日本を利用すれば、東日本・北海道の交通費は4日でも5日でも2万6620円で済む。

　趣味の充実も大事だ。大学時代にバンドをやっていたのを復活した友人がいる。もう一度、エレキギターを習いに行っている。西洋美術展を極めようと、大学の社会人講座にも通っている友人もいる。皆、大金をかけずに、楽しくすごす工夫をしているのだ。

■ POINT

- ☑ 資産切り崩しは70歳からでも、60代の人生を謳歌する
- ☑ 60代は、お金の使い方の工夫も楽しめる

投資をしない日本の家計が
海外の家計より貧乏な理由は？

　老後2000万円問題がなぜ衝撃だったか？　それはもちろん、日本人家計の多くが60歳時点で2000万円もの資産を持っていないからだ。「そんなもの貯められるわけないだろ」と大半の人が反発した。その理由は、日本人の給料がこの30年ほとんど上がらなかったからだ。しかし、もっと大きな理由がある。それが下のグラフだ。

　家計における金融資産の比率が高い米国、英国では、ここ20年で家計金融資産が2〜3倍アップしている。一方で、「元本割れが怖い」と投資を拒んできた日本の家計はリターンがほとんど得られず、金融資産の伸びが1.4倍にとどまっている。

各国の家計金融資産の推移

02年から22年末までを見ると、米国・英国ではそれぞれ家計金融資産（現金・預金、債券、株式等）が3.3倍、2.3倍へと伸びているが、日本では本年6月までを見ても1.5倍の増加に留まっている。

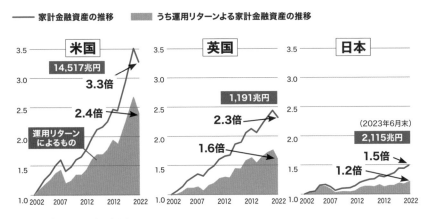

1995年＝1（英国のみ1997年＝1）とする。
出典：FRB、BOE、日本銀行より金融庁作成。

Chapter 02

高配当5％投資の本命J-REIT

物価高の時代、年金だけでは生活できない。しかし、いつまでもフルタイムで働くのも御免だ。そこで、年金生活費にプラスしたいのがJ-REITの分配金だ。年利回り5％の実態を今、明らかにしよう。

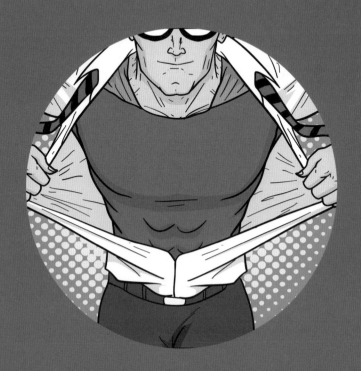

終わりの見えない
貯蓄に疲れたら投資の世界へ

2000万円を目指して、資産形成を始めるのは決して遅くない。し
かし、定期預金では増えない悩みが。投資に一歩踏み出す決断を。

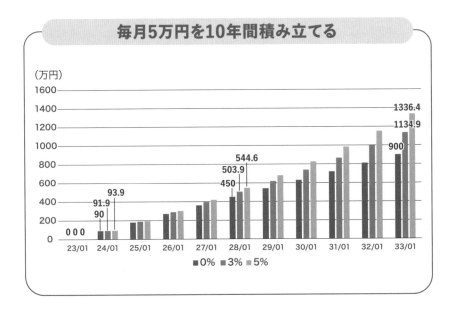

毎月5万円を10年間積み立てる

（万円）

■0%　■3%　■5%

　50歳からでも、60歳時にある程度まとまったお金を作っておく
べきなのはおわかりいただけただろう。

　しかし、多くの50代はモノ入りである。住宅ローンを返済して
いる人も多いし、子どもがいれば、中学生や高校生、大学生で、塾
代や学費支払いで大わらわだ。積み立てどころか、積み立てを切り
崩している、と嘆きたいところだ。

　それでも、その先にある自分の人生があまりにも寂しいのはいか

がなものか。黄金の60代を楽しまずに過ごしてしまうのは、痛恨の極みだ。何が何でも50代から資産形成をしたいものだ。

定期預金より積立投信を利用するのが早道

　左のグラフを見てほしい。現在の定期預金金利は0.02％。ほぼ０％だ。毎月５万円を積み立てても、15年で900万円しか貯まらない。毎月５万円を15年間も捻出するのは努力が必要だ、がんばったのに、ほぼ100円も増えないのは悲しすぎる。やる気がしなくなるのは当たり前だろう。

　そこでだ。やはり、投資の力を借りる必要があるのではないだろうか。3章で詳しく紹介するが、やはりある程度のまとまった資金作りをするのが先決。定期預金では増えないのであれば、投資信託での積み立てを考えてもらいたいものだ。

　「それで、元本割れしたら、元も子もない」という気持ちもあるかもしれない。しかし、長期・積立・分散という王道の投資法がある。実践するには、①投資対象を分散している投資信託を利用する、②時間を分散するために、毎月の積み立てをする、③長期に投資することで、値動きが平準化するため、15年以上積み立てる、ことが必要だ。投資信託積み立てなら、保守的なもので３％、積極的なもので５％程度は実現可能だ。

■ **POINT**

　☑ 60歳前に、ある程度のまとまった資金をつくる

　☑ 定期預金積立だけでなく、投資信託積立も利用する

日本株投資はもう遅い

日本株が年末からものすごい勢いで上昇している。今からでもその
波に乗りたいと思っても手遅れだ。素人が手を出す時期ではない。

皆さん、1989年のバブル期にはもう社会人になっていただろうか。
まだ高校生や大学生だった人もいれば、社会人になったばかりだっ
たという人もいるだろう。しかし、筆者も含め読者の皆さんの中に、
当時、株式投資をしていた人はほぼいないだろう。

　ただ、筆者の会社の上司がバブル当時、株式投資をしていたそう
で、「株さえ買えば、誰でも儲かった」と言っていた。夢のような
話だが、もちろん、良い時代がずっと続くことはない。1989年12
月29日に日経平均株価は市場最高値３万8915円をつけた後、転が

り落ちるように下がっていった。その間、山一証券破綻、九つあったメガバンクの統廃合など、マーケットにとってbadニュースを続けながら、2009年にバブル崩壊後最安値7054円まで下がっている。

どこまで上がる？　日経平均株価の上昇パワー

　筆者も89年に史上最高値をつけた時のことは覚えているが、マネー業界に入ってからは、アベノミクスになるまで下げる一方だった。2013年12月にアベノミクスが始まり、株価が上がるさまには感動した。しかし、バブル期の最高値を超えるとは夢にも思っていなかった。それが、24年2月22日に3万9098円をつけ、35年の月日を経て、市場最高値が更新されたのだ。

　要因はいろいろ言われているが、このまま5万円まで上がっていくのか、4万円を超えたところで、また、ガクっと下がるのか、今のところ誰にもわからない。損をしてもいいから買いたい個別銘柄があるなら、投資するのを止めはしない。しかし、何となく波に乗りたいからと日本株の個別銘柄に投資するのはオススメしない。まだまだ上がりそうと希望を持つなら、日本株に投資する投資信託に積み立てを始めたらよいのではないか。とにかく、日本株は上がり過ぎている。素人には太刀打ちできない。

■ POINT

☑ 35年ぶりに史上最高値を更新した日経平均株価

☑ これから個別銘柄に投資するのは素人には難しい

毎月決まった額のお金が必要なら、不動産投資だ

投資信託積立である程度、まとまったお金ができたら、その先の出口戦略が大切になる。その方策は不動産投資だ。

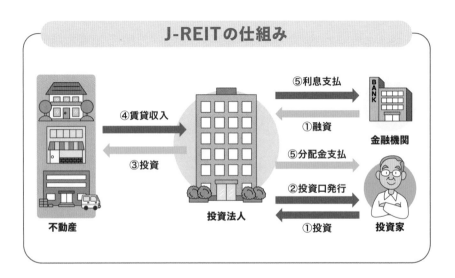

J-REITの仕組み

⑤利息支払
①融資
金融機関

④賃貸収入

③投資

⑤分配金支払

②投資口発行

①投資

不動産　　　投資法人　　　投資家

　日本株投資も限らず、株式投資のイメージはどうしても、一攫千金にあるのではないだろうか。もちろん、株式投資なら、100万円を投資したものが2倍の200万円になることは、比較的よくある。滅多にないが、10倍の1000万円になることもないわけではない。

　しかし、筆者は思う。株式投資で100万円が200万円、1000万円になっても、定期預金や投資信託積立でコツコツ積み立てても、その先、そのお金を使ってしまえば、それで終わりだ。もちろん、金は使うためにある。70歳からは資産切り崩しの時期と筆者自身

も言っている。しかし、それだけでいいのだろうか？　ほかにセカンドライフを豊かにする投資戦略がないのだろうか？

まとまった金は使わず、育てる

　そこで筆者が提案したいのは、お金に働かせることである。一般的にお金を働かせるという時には、投資をすることを意味する。今ドキであれば、投信積立をして、利回り５％で運用すれば、15年後に900万円の投資元本が1336万円と430万円以上も増える。それはそれで、お金が働いてくれた恩恵だ。

　しかし、そのあと、そのお金を使うのではなく、今度はそのお金に卵を産んでもらって、その卵を使っていくというさらなる投資戦略を提案したいのが本書だ。

　それは何かというと「不動産投資」だ。つまり、大家になって毎月の家賃を手にいれるのだ。そうすれば、投資資金に手を付けず、その卵を使って生活を楽しめるわけだ。それには何千万円もの資金が必要と思うかもしれないが、それを仕組み化しているのがJ-REIT（ジェイ・リート）だ。J-REITは証券取引所に上場されている不動産投資信託で高い分配金が定期的に手に入る。これがJ-REITの魅力だ。

■ POINT

- ☑ 積立投信でまとめたお金を、次の投資戦略で活用する
- ☑ 投資先は分配金という卵を産むJ-REIT

認知度ゼロ・人気度ゼロ
それでも分配金狙いだからOK

これだけ日本株の調子がいい中で、ダダ下がりなのが、J-REITだ。
こんなことで大丈夫なのか？　いや、大丈夫です。分配金狙いだし。

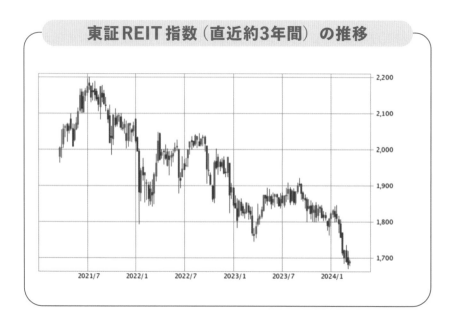

東証REIT指数（直近約3年間）の推移

　J-REITは日本版不動産投資信託（Real Estate Investment Trust）
の略称で、投資家から集めた資金で複数の不動産を購入し、賃貸収入
や売買益を投資家に分配金として配分する商品だ。東京証券取引所に
上場されているので、日本株式と同様に、証券取引所の取引時間に常
に値動きをし、投資家は指値（さしね）や成行（なりゆき）で売買する
ことができる。

もちろん、安く買って高く売れば、株式投資と同様に売却益を得ることができる。それでは、日本株と同様に、株価上昇を続けているのだろうか？　それが、まったくの鳴かず飛ばず。左グラフは、日経平均株価にあたる、J-REIT全体の株価の値動きを示す東証REIT指数だが、上がるどころの騒ぎではない。このご時世に大丈夫か、と思ってしまうような成績だ。

今こそJ-REITに投資すべき理由

　東証REIT指数は、23年末から24年年初で見ると、24年２月19日に1707ポイントまで下落。コロナ禍の影響があった20年12月以来３年２カ月ぶりの安さだ。その後24年３月〜４月に一時1800ポイント台に上がったものの、５月はまた下落している。コロナ禍でリモート勤務が定例化し、オフィス需要なども今後どうなるかわからない。またいよいよ日本にも金利上昇が始まろうとしている。こうしたことがJ-REITにとってはマイナス要因となっている。しかし、それよりも何よりも、何せマイナー市場である。市場の主役は機関投資家だが、このマイナー市場に投資するより、絶好調の日本株にいったほうがよい。割安に放置されているといっても過言ではない。しかし、われわれ個人投資家は長期で見ればよい。しかも、J-REITが生む卵が目的だ。株価の上げ下げは関係ないのである。

■ POINT

☑ 東証J-REIT指数は好調な株式市場と逆行する

☑ 割安で放置されている状況は個人投資家に好都合

出遅れにもほどがある J-REITのそこがよい

誰にも見向きもされないJ-REITこそ、われわれのセカンドライフ
にとっての金の卵。割安の今がチャンスだ。

J-REITは24年3月現在58銘柄が上場している。約4000ともい
われる日本株式に比べると、相当にマーケットが小さいことがわか
る。誰も知らない、誰にも見向きもされなくても、この日本株急上
昇の時代、仕方ないのかもしれない。

しかし、先ほどから言っているように、60代の黄金期の資金を
手に入れるのに、これほど適した金融商品はないと筆者は思う。右
は主な上場商品の配当や分配金の平均利回りを比較したものだ。

実は日経平均対象の225銘柄の配当利回りも1.74%あり、定期預
金などとは比べものにならないほど高い。さらに、昔でいう東証1
部、現在のプライム市場でみると、平均配当利回り1.96%と高く
なる。

分配金利回り平均はなんと4.68%

その中でひときわ輝いているのが、J-REITの分配金利回りだ。
なんと、前期基準で4.68%もある。超低金利時代を20年も生きて
きたわれわれにとって、もしかして投資詐欺？　と思ってしまうよ
うな高い利回りだ。しかし、この数字は真実であり、ウソ偽りはな
い。J-REITは賃料や売買益で得た利益の9割を分配金として投資

家に出すことで、税制優遇を受ける制度がある。つまり、内部留保はできず、ありったけの利益を毎回吐き出してくれるのだ。しかも、不動産賃料は、景気に左右される要素がほかの事業に比べるとずっと少ない。昔から「憧れの大家さん」と言われるのは、収入額が安定し、かつ定期的に入ってくるからだ。

しかもJ-REITの投資額は数万円から数十万円の範囲だ。高い時は100万円を超える銘柄もあるが、今は割安なこともあり、投資しやすいのも魅力だ。しかも、今流行りのNISAとも抜群に相性がよい。これについては、3章で紹介しよう。

平均配当利回り（売買単位換算）

項目名	前期基準	予想
日経平均	1.74%	1.71%
JPX日経400	1.77%	1.77%
日経300	1.80%	1.80%
プライム全銘柄	1.96%	2.08%
スタンダード全銘柄	2.04%	2.15%
グロース全銘柄	0.43%	0.51%
J-REIT平均	4.68%	4.38%

断トツの高さ！

2024年3月11日現在

■ POINT

☑ J-REITの平均分配金利回りは断トツに高く、4.68%

☑ しかも、割安に放置されているため、投資額も低い

投資のリスクって一体どういう意味だ？
リスクは怖がるものでなく、真実の意味を知ることが大事

　金融商品には必ず「リスク」と「リターン」がある。

　リスクは一般的には危険なこと、損をすることなどの意味で使われるが、資産運用の世界では少し意味が異なる。投資におけるリスクとはリターンの振れ幅のことを表す。

　つまり「リスクが大きい」とは「大きく収益があるかもしれないし、大きく損失が出るかもしれないこと」を指すのだ。リターンとは、資産運用によって得られる成果のことで、収益も損失も含まれる。また、高い収益が得られる可能性がある時は、同じだけ高い損失を被る可能性があるともいえる。リスクとリターンの関係をしっかり理解して、自分のリスク許容度に合った資産運用をすることが大切なのだ。

大きく収益が上がる可能性がある商品はその分損する幅が大きい

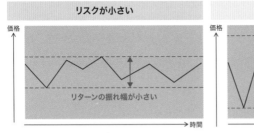

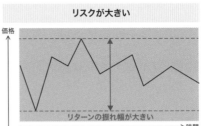

出典：日本証券業協会「金融商品のリスクとは」

Chapter 03

新NISAとJ-REIT

毎年、分配金という卵を産むJ-REIT。一体どう運用するのが効率的か。注目なのが新NISAだ。分配金にかかる2割の税金が非課税になる新NISA。J-REITと新NISAの相性のよさは抜群だ。

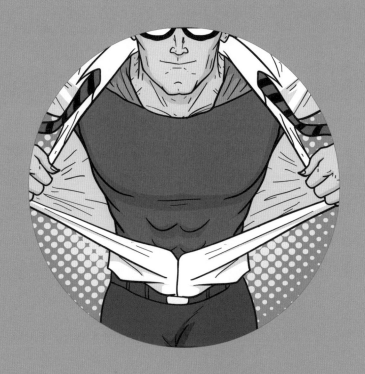

新NISAとはどんな制度か?

24年1月から新NISAがスタートした。制度が恒久化し、非課税期間も無期限化した。この制度にうってつけなのがJ-REITなのだ。

「新NISA」のポイント

	つみたて投資枠 併用可	成長投資枠
年間投資枠	120万円	240万円
非課税保有期間	無期限化	無期限化
非課税保有限度額（総枠）	1,800万円 ※簿価残高方式で管理（枠の再利用が可能）	
		1,200万円
口座開設期間	恒久化	恒久化
投資対象商品	長期の積立・分散投資に 適した一定の投資信託 （現行のつみたてNISA対象商品と同様）	上場株式・投資信託など ※次の①〜④は除外 ①整理・管理銘柄 ②信託期間20年未満 ③高レバレッジ型 ④毎月分配型 ⑤その他条件に合致しないもの
対象年齢	18歳以上	18歳以上
現行制度との関係	2023年末までの現行の一般NISA及びつみたてNISA制度において投資した商品は、新しい制度の外枠で、現行制度における非課税措置を適用 ※現行制度から新しい制度へのロールオーバーは不可	

　24年1月から、NISA（ニーサ、少額投資非課税制度）が新しい制度となって再スタートした。いわゆる新NISAだ。みなさん、もうよくご存じではあるだろうが、せっかくだから、復習の意味で制度の概要をおさらいしてみよう。

投資枠が年360万円、生涯1800万円に

　岸田内閣が掲げる資産所得倍増プランの目玉として誕生したのが「新NISA」だ。NISAは、NISA口座を利用して投資をし、利益が出た場合や配当・分配金を受け取った場合に、税金が課されないというのが基本の仕組みだ。

　23年までは、つみたてNISAと一般NISAという2種類のNISAがあり、どちらかを選ばなければならなかったうえ、非課税期間は前者が20年、後者が5年だった。投資の基本は長期・積立・分散といいながら、投資期間が決まっていたのでは、気が気ではない。また、投資上限額がつみたてNISAで800万円、一般NISAで600万円だった。特につみたてNISAは年間40万円という縛りがあり、月々の積立額は3.3万円だった。親しみやすい数字の設定ではあったが、われわれには、老後2000万円問題が控えている。この制度では、今ひとつやる気がしない人がいても、仕方がなかった。

非課税保有期間の無期限化など大幅改善

　今回の新NISAは、こういった不満部分はすべてと言ってよいほど解消した。まず、NISA制度自体に以前は期限があったが、恒久的な制度となった。大袈裟に言えば、孫子の代まで使い倒せるようになったのだ。非課税期間も無期限化した。以前なら、つみたてNISAを30歳から始めると、非課税期間は50歳で終わってしまった。これからセカンドライフに向かって、自分の資産をつくって行きたいという時に終わってしまうのだ。それでは、元も子もない。無期限化したことで、70歳でも80歳でも90歳でも、命が尽きるまで資産をNISAに置いておけるようになったのだ。

投資額の拡大も大きい。新NISAでは、つみたて投資枠（旧つみたてNISAのような制度）と成長投資枠（旧一般NISAのような制度）の二つの枠ができ、一人がどちらも使えるようになった。年間投資上限額は、つみたて投資枠が120万円、成長投資枠が240万円。合計で360万円となる。さらに、生涯投資枠というものが新たに設定され、1800万円までとなった。まさに、老後2000万円問題も、枠いっぱいに投資できれば解決するようにも見える。

　二つの枠は利用方法が違う。つみたて投資枠は金融庁が厳選した約280の投信から選んで、月々投信積立をしていく枠だ。コツコツと積み立てをし、資産を積み増していくイメージだ。これに対して、成長投資枠は、次節で詳しく説明するが、投資信託、株式などに幅広く投資できる。もちろん、この中にJ-REITも入っている。

　利用方法としては、つみたて投資枠で積み立てている投信、たとえば「全世界株式型投信」などの利用が多いと思うが、これを月10万円ではなく、15万円積み立てたいというなら、つみたて投資枠で月10万円、成長投資枠で月5万円を積み立てていける。最高月30万円まで積み立てられる。この利用法は、FPとしての筆者が推奨する利用方法だ。

　少しチャレンジするなら、つみたて投資枠の対象投信ではないが、特定の投資分野に絞って投資しているセクター型投信や有能なファンドマネジャーが運用するアクティブ型投信に投資する方法もある。インド株に投資する、米国株の半導体分野だけに投資するなど、投信を利用したチャレンジ投資はいろいろあるのだ。

　そして、最後が株式投資だ。基本的には、日本株であれば、100株単位なので、1銘柄50万～100万円くらいは必要になるだろう。それでも、年240万円の枠があれば、2～3銘柄は投資することができる。

新NISAの6つの特徴

1 非課税で保有できる期間が [無期限] に！

2 口座開設の [恒久化] で恒久化 期限を気にせず開設OK！

3 つみたて投資枠と 成長投資枠を [併用] して使える

4 年間で投資できる上限額が [大幅に拡大！]

5 生涯にわたる非課税保有限度額は [1800万円] まで

6 売却するとその枠は翌年 [再利用可能] に

　最後に、新NISAは1800万円の投資枠があるが、売却したらその分の投資枠が復活するという新しい仕組みができた。この際、簿価残高方式といって、あくまで復活するのは、投資元本という点には注意が必要だ。また復活するのは、売却した翌年となる。今までのNISAは投資枠の復活はなかったので、その点は大きなメリットだ。マイホーム資金などで500万円など解約したら、その分、また投資枠が増えることになるのは朗報だろう。

■ POINT

☑ 新NISAでは非課税期間が無期限に。一生涯使い倒せる

☑ つみたて投資枠と成長投資枠で、投資枠は1800万円に

新NISAは最強の塩漬け環境

NISAの最大のメリットは、売却益と配当・分配金が非課税になることだ。しかし、損失が出ていると売るに売れない塩漬けになる。

成長投資枠の対象商品には何がある?

上場株式					
国内株式 (東京証券取引所など国内取引所で売買)※1			外国株式 (外国の証券取引所で売買)		外国株式
国内株式 (約4000銘柄) IPO(新規公開株式) 含む	ETF (上場投資信託) 約300銘柄(※2)	J-REIT (不動産投資信託) 約60銘柄(※3)	米国株式 NY証券取引所 NASDAQ証券取引所	米国ETF (上場投資信託) NY証券取引所 NASDAQ証券取引所	その他 (中国、韓国、ロシア、ベトナム、インドネシア、シンガポール、タイ、マレーシアなど)

※1　整理、監理銘柄に指定されている銘柄を除く
※2　信託期間20年未満、毎月分配型、高レバレッジ型を除く
※3　高レバレッジは除く

投資信託※2	
成長投資枠	
つみたて投資枠 対象商品 (約250本)	対象商品 (約1800本)
※つみたて投資枠対象商品も利用可能	

　新NISAについて紹介したが、つみたて投資枠はとにかく愚直に投信積立をしていく枠だ。「俺は投信積立なんて、チマチマしたことはしたくないんだよ。ド〜ンと一括買い以外、興味がないね」と言っている輩がいたら、「アンタはNISAを使い倒せないね」ということになる。

　どういうことかというと、NISAの生涯投資枠は1800万円あるが、実は成長投資枠の上限投資枠は1200万円に制限されている点だ。

つみたて投資枠だけを利用しても1800万円まで投資できるが、成長投資枠だけで投資しようとすると、1200万円までしか利用できない。これはもったいない話だ。

　どんなに株式やJ-REITに投資したいと言っても、投資元本は1200万円までということを覚えておこう。

J-REITなら1200万円でも目的を達成できる

　成長投資枠の対象商品を左ページに紹介しているので、これもおさらいしておこう。まずは「国内株式」枠で、ここには、いわゆる日本株のほかに、ETF（上場投資信託）や、われらがJ-REIT（不動産投資信託）がある。

　先ほどから言っているように、日本株は100株単位なので、もちろん、10万円前後で投資できる銘柄もあるが、限られるうえに、安心して投資できる銘柄とは限らない。その点、J-REITは1株単位で購入できる。

　そのほか、外国株式も投資対象で米国株も1株単位で購入できるので、チャレンジしてみたい人はアップルでもエヌヴィディアでも、成長投資枠で投資できる。投資信託もつみたて投資枠よりは、幅広い選択肢がある。この本では紹介しないが、値動きの大きい投信だけでなく、債券型やリート型の投信にも投資できるので、意外と積極派から安定派まで幅広いのだ。

NISAでの株式投資の盲点は塩漬けにあり

　さて、NISAでの投資の最大のメリットは売却益が非課税になることだ。たとえば、80万円で買った銘柄が100万円に上がって売

却したら20万円の儲けとなる。その際、普通の証券口座（課税口座）での取引なら、20万円の約2割が課税され、4万円を源泉徴収される。手取りは16万円になってしまうが、NISAなら20万円だ。

　ところが、80万円で買った銘柄が60万円になったらどうなるだろう。またいつか上がるだろうと塩漬けにして、保有し続けるのが投資初心者だ。これが中級者となると、60万円を損切りして60万円というニューマネーを手にして、上がる株に再度投資する。その際、さらに中級者がするのが損益通算だ。80万円が60万円で下がった株を売ると同時に、50万円が70万円に上がった株も売却するのだ。20万円の得と20万円の損。実は、課税口座なら、20万円の損失の取引にはもともと税金がかからない。さらに、20万円の売却益には4万円の課税がされるところだが、20万円の損失と相殺されて、結果的に課税された4万円は戻ってくることになる。これが損益通算だ。NISA口座ではこれができないというデメリットがある。

　しかし、筆者が考えるNISA口座でJ-REITを保有する場合は、上がろうが下がろうが一切、売却はしないという方法だ。なぜなら、J-REITの分配金をずっともらうのが狙いだからだ。

　NISAには売却益の非課税とともに、配当や分配金が非課税になるというメリットもある。筆者の狙う分配金額は年60万円。2割課税されたら、12万円も取られるところが、60万円まるまる入る。NISAでJ-REIT投資をする狙いは、まさに塩漬けにあるのだ。

■ POINT

- ☑ 成長投資枠の対象は日本株やJ-REIT、米国株など
- ☑ NISAで損失株を抱えると塩漬けにしておくしかない

Happy NISAとUn-Happy NISA

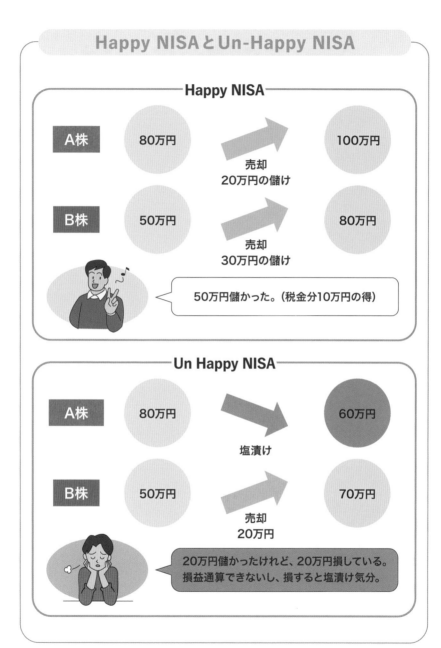

Happy NISA

A株	80万円	売却 20万円の儲け →	100万円
B株	50万円	売却 30万円の儲け →	80万円

50万円儲かった。(税金分10万円の得)

Un Happy NISA

A株	80万円	塩漬け →	60万円
B株	50万円	売却 20万円 →	70万円

20万円儲かったけれど、20万円損している。
損益通算できないし、損すると塩漬け気分。

東京都庁の隣のビルにも
投資できるJ-REIT

NISAで投資する第一候補としてオススメしたいのがJ-REITだ。
しかし、その仕組みはどうなっているのか、解明してみよう。

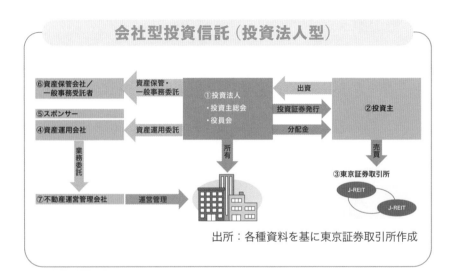

出所：各種資料を基に東京証券取引所作成

個人的なお気に入りの投資先「J-REIT」

　筆者はJ-REITが大好きだ。あまり人に何か投資対象をオススメ
することはないのだが、新NISAが始まった今、敢えて、自分の趣
味の投資先をみなさんにもご紹介しようという気になった。ファイ
ナンシャルプランナーとして、というより、個人的な好みでのオス
スメというところはご理解いただければと思う。

筆者が投資しているJ-REITの正式名は、日本型不動産投資信託
（J-REIT：Japan Real Estate Investment Trust、以後J-REITと呼
ぶ）の略だ。2001年に東京証券取引所に創設されたもので、投資
信託という名前はついているが、実際は証券取引所に上場されてお
り、それぞれが独立した銘柄だ。24年3月現在、58銘柄ある。

卵をひとつのカゴに盛らない分散投資

　J-REITの最大の魅力は、とにかく一つの銘柄に投資すれば、自
然とたくさんの不動産に投資できてしまう点だ。普通の不動産は自
分一人で物件を購入するので、何千万円も資金を出しても、マンショ
ンの1部屋とか一軒家1棟くらいしか買えない。

　その点、J-REITは多くの投資家から資金を集めて、銀行からも
借り入れをして、たくさんのオフィスビルや賃貸棟などに投資する
大規模な仕組みだ。銘柄によって投資している不動産は違うが、
J-REITに投資すれば、東京駅前の三菱UFJ信託ビルや東京都庁の
ある西新宿の新宿三井ビル、あるいは東京ディズニーランド隣接の
ホテル、ヒルトンホテルなどの有名なオフィスビルやホテル、施設
にあなたでも不動産投資することができる。しかも、先ほども言っ
てように、10万円台といった小口投資ができるのだ。

　もしも、現物不動産に投資するとしたら、東京駅の駅前のオフィ
スビルなどに投資できるわけがない。何十億円いやもっと資金がか
かるのだろう。しかも、万が一、買えたとしても、ビル1棟では、
地震が来て倒れでもしたら取り返しがつかない。

　「卵を一つのカゴに盛るな」とは有名な投資の格言だ。カゴが倒
れたら、すべての卵が割れてしまう。卵＝お金ほど大事なものを一
つのビルにつぎ込むのは、リスクが高すぎる。

個人が不動産投資をしようと思うと、資金力に限界があるので、どうしても多くの物件を持てず、卵をひとつのカゴに盛らざるをえない。それが不動産投資の危険なところだ。J-REITを使って不動産投資をしたら、東京駅前のオフィスビルもディズニーランドのホテルも、多くの不動産を保有できる。まさに、少額で不動産の分散投資ができてしまうのだ。

　ちなみに、J-REITは「投資信託」なのか？　というところがややこしいところだ。

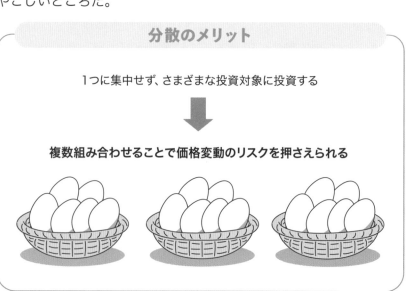

分散のメリット

1つに集中せず、さまざまな投資対象に投資する

↓

複数組み合わせることで価格変動のリスクを押さえられる

J-REITは不動産を運用する会社型投信

　J-REITは投資家から資金を集めて、不動産を運用するために設立された法人なのだ。「会社型」という種類に属するが、会社とは呼ばず投資法人と呼ぶ。

一般企業の場合、発行した株式が証券取引所に上場されて投資家に売買される。J-REITも同じように発行した株式（正確には投資証券）が証券取引所に上場されており、投資家に売買される。仕組みは株式と同じと考えてよい。

　一般企業の場合は、株式を発行して集めたお金や銀行からの借り入れで、事業活動を営んでいる。工場を作ったり、新サービスを立ち上げたりして、会社を成長させ、利益をあげていく。J-REITの場合は、投資家から集めた資金と銀行から借り入れで不動産を購入。その不動産のテナント・入居者から得た賃料収入や不動産そのものの売却益が利益となる。

　投資法人は事業をするうえで、多くの制限がされているのも特徴だ。不動産の開発などはすることができず、購入した不動産の維持・管理だけを専業としている。そのほかの業務は、資産運用会社、資産保管会社、事務受託会社に委託するというスリム経営が義務付けられている。投資法人の事業のシンプルさこそが、実は高い分配金を提供するパワーとなっている。

■ POINT
　☑ J-REITへの投資は、不動産の分散投資を意味する
　☑ J-REITは会社型の投資信託。事業が制限されている

J-REITは株のように値動き するがうろたえない

J-REITは証券取引所に上場しているので、株式と同じように、取引時間に値動きしている。そのため、売却すると損も得もある。

日本ビルファンドの株価推移

（円）
1,000,000
800,000
600,000
572,000
400,000

2016/2　　2018/2　　2020/2　　2022/1　　2024/2

　J-REITは株式と同じようなものだ、と先ほどから何度も言っている。具体的に証券取引所に上場しているということはどういうことか具体的に見てみよう。

NISAでJ-REIT投資できるのは証券会社だけ

　そもそも、J-REITは証券取引所に上場している。証券市場に上場しているので、購入しようと思ったら、証券会社を通じて注文す

ることになる。ちなみに、NISA口座は一人１口座となっている。銀行でも証券会社でもゆうちょ銀行でも、口座は開ける。ただし、銀行やゆうちょ銀行に口座を開いてしまうと、株式はもちろん、J-REITにも投資できなくなってしまう。「NISAでJ-REIT」をしようと思うと、NISAでの口座開設は証券会社にすることになる。もしも、もうNISAを始めているが、銀行でスタートしているという人は、金融機関の変更は１年に一度できるので、どこかのタイミングで証券会社に移したほうがよい。

　J-REITの株価（正確には投資口価格、この本では株価で統一）は、取引所スタートと同時に始値がつき、15時の終了と同時に終値がつく。その間も始終、値動きをしている点は押さえておく必要があるだろう。そして、値動きがあるので、株価が上がったり下がったりする。つまり、最初に投資した金額に対して株価が下がれば、元本割れしてしまうというリスクがある点は重々承知してほしい。

景気の動向によって株価が上下する

　左は日本ビルファンドの過去10年の値動きだ。これで見ると、高い時には90万円近いこともあるし、今のように60万円を割れていることがあることがわかる。そうみると、結構リスクがあるようにも見える。筆者の持論では、J-REITは保有したら最後、ずっと持ち続けられるので、特に株価がいくらであろうと関係ないのだが、一応、購入時より売却時のほう安い時は元本割れだ。

　では、J-REITはどんな理由で値動きするのだろう。

　基本的には、株式と同じように景気動向に左右されるといっていいだろう。前ページの日本ビルファンドのチャートは過去10年しか掲載していないが、2001年12月の上場直後の株価は49万5000

円だった。それが不動産バブルとなった2007年の株価は171万円だった。ちなみに、株価が３倍以上になっても、分配金は上場時が１万9026円、2007年が１万9809円をあまり変わらないところは付記しておく。

　つまり、景気による株価の変動はあるけれど、分配金はある程度一定しているのがJ-REITの大きな特徴と覚えておいてほしい。

J-REITの値動き以外のリスクを押さえる

　J-REITのリスクは値動き以外にどんなものがあるのだろうか。主なリスクは下表にまとめてみた。

J-REITのリスク

1. 投資口価格の変動リスク	元本が保証されていない。投資口価格（＝株価）は市場における需給、証券市場の状況、金利動向など、様々な要因によって変動する
2. 分配金の変動リスク	分配金の有無や分配金額について保証されているものではない。 賃貸収入を主な原資とするため、保有不動産の稼働状況やテナントとの契約条件などにより変動する。 自然災害などの想定外の損失の発生により分配可能利益が一時的に変動する可能性もある
3. 倒産リスク	倒産するなどの事由が発生した場合には上場廃止となり、流通市場における売買ができなくなる。投資法人が清算される場合、投資主はすべての債権者に対する弁済後の残余財産から投資金額を回収するため、投資金額の全部または一部について回収することができない可能性がある
4. 制度変更リスク	関連法律・規制は多岐にわたっており、それらの変更がJ-REITの投資口価格や分配金額に影響を及ぼす可能性がある。建築規制や土地利用などの不動産に係る法制度が変更されることで、経営が影響を受けることがある

先ほど、株価に動きがあっても、われわれが手にする分配金には
あまり変化がない、というお話をした。しかし、もちろん変動はあ
る。テナントの退去や賃料の下げ、もしかしたら、自然災害による
想定外の損失が発生することもあるだろう。それは、どんな投資対
象でもありえることではある。もしも、そういった羽目になっても、
不動産運用のプロである。J-REITは半年に一度の決算があり、そ
の決算内容はかなり透明性がある。リスクや解決策を見てから、判
断しても遅くはないだろう。

　また、J-REITは一度、業界をあげての大激震が走ったことがある。
リーマン・ショックの時である。その影響で2008年10月にJ-REIT
初の経営破綻事例が発生した。この時は民事再生を申請して、安定
している投資法人に吸収されることとなった。これを契機に、合併
にかかわる制度整備が進み、2010年2月にはJ-REIT初の合併が成
立した。今後もそういったリスクはありえるが、当時のノウハウか
ら市場の変化にあわせた合併がタイミングを見て実施されている。

　また、不動産は関連法律の規制の変更がわりと頻繁にある。それ
によって、経営にダメージが起こることがあるかもしれない。

　リスクというとよく出てくるのが為替リスクだ。J-REITは為替
リスクが関係ないことは、実は意外と大きなメリットでもある。

■ POINT

☑ J-REITは証券会社を通じて売買、景気動向で値動き
も

☑ 分配金リスク、倒産リスク、制度変更リスクがある

J-REITの分配金は
なぜそんなに高い?

J-REITの最大の魅力は高い分配金にある。株式と同じように上場しているのになぜ高いのか? それは特別扱いをされているからだ。

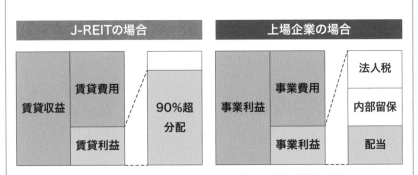

J-REITの分配金は上場企業の配当に比べて有利

J-REITの場合	上場企業の場合

※賃貸収益・費用・収益のみを記載し、売却利益を省略している。

　筆者がJ-REITにはじめて投資したのは2010年のことだった。先ほど紹介したリーマン・ショックで株式市場が低迷していた時代だ。NISAの解説をする時によくその話をするのだが、筆者は、1999年から日本株投信に月1万円の積み立てを始めた。銀行窓販というものが始まり、銀行でも投資信託を売り出して、給与振り込み口座から天引きができるようになったからだ。

分配利回り5.24％のJ-REIT銘柄との出会い

しかし、10年後2009年に120万円積み立てたところで、運用実績を見てみたら、58万円になっていたのだ。その10年間が、ほぼ下落相場だったこと、日本株に特化していたこと、手数料がバカ高かったこと。今思うと反省ばかりだが、当時はそんなこともわからず、衝撃を受けて解約してしまった（一応、外国株式型投信の積み立てに変更したが）。その後、アベノミクスが始まり、そのまま持っていたら、3倍に増えていたのはお笑いだ。

それはさておき、その衝撃の中、ミドルリスクの投資対象を探していてふと目に止まったのがJ-REITだ。

J-REITは2001年の創設当時から知っていたが、市場価格は上昇の一途で、株価の高さゆえ、指をくわえて見ているだけだった。ところが、リーマン・ショックでかなり株価が下がっていた。J-REITで一番有名な銘柄が「日本ビルファンド」だが、筆者の知っている限りいつも100万円を超えていた日本ビルファンドの株価がいつのまにか、90万円、80万円と値を下げていた。2009年12月の分配金を確認すると、1万9672円もあった。株価75万円とすると、分配金利回りは5.24％だ。すごすぎる！　当時の定期預金は今ほどではないが、0.1％といったところだ。久しぶりに見る、ステキな利回りだ。筆者がはじめてJ-REITを買った瞬間だった。

一般企業は法人税・内部留保・配当に分ける

一般企業の場合、事業がうまくいかないと利益がゼロあるいはマイナスになることもある。その結果、当然配当はゼロになる。また、利益が出たとしても、そこからどれだけ投資家に配当が回るかは不

透明だ。一般企業の場合、得られた利益は「配当」「法人税」「内部留保」の三つに分けるのが一般的だからだ。

　ここのところ、日本企業も外国人投資家が増え、利益のうち内部留保に回す額が多すぎるという批判が相次いでいる。ただただ、内部留保をしていても、死に金ではないかというわけだ。

　そもそも、日本企業は配当の金額を毎年同じするという目に見えない慣習もあった。滅茶苦茶黒字でも、やや赤字でも配当が同じ。そのほうが株主の批判を受けにくいという日本的発想なのかもしれない。そこを最近は儲かれば、配当もたくさん、赤字なら無配にする、という当たり前のことがやっと行われつつある。

入ってきた収入の9割は分配するルール

　その点、J-REITは収益源が原則、不動産の賃貸収入とその売却益と決まっている。そして、J-REITだけに適用される租税特別措置法という税制があり、配当可能利益の90％超を投資主に分配すると、法人税を実質ゼロにすると決まっている。J-REITへの投資を不動産投資に近付けるために設けられた制度ということだ。

　このルールがある限り、J-REITは入ってきた不動産収入をほとんど、分配金に回さざるをえないということになるわけだ。

　実際、賃貸収入が下がるのは、テナントが退出してしまった時か、賃料を安くしてしまったとき、というのも一目瞭然でわかる。家を借りたことがある人なら経験があるだろうが、賃貸料というのは、一度決めるとなかなか下がらないものだ。入居時に安くしてくれと交渉しても、最初に10万円と決まっているものが、5万円になったりはしない。

つまり、不動産収入というものは、先ほど紹介したような様々な
リスクが重なって起きたりしない限り、早々は激変しないのだ。収
入がある程度安定している＝分配金も安定する、ということになる
わけだ。

　24年3月時点での分配金利回りは、日本ビルファンドが4.2％、
ジャパンリアルエステイトが4.45％、日本都市ファンドが5.02％
など、老舗ファンドも軒並み高い。インヴィンシブル投資法人
5.40％、KDX不動産投資法人5.22％、いちごオフィスリート5.23％
など、5％台もズラリと並ぶ。どの銘柄を選ぶべきかは、本書の5
章と6章で紹介している。そんなにはずれがないのもJ-REITのうれ
しいところだ。

■ POINT

- ☑ J-REITは利益の90％超を分配金に回すと法人税が
  0に
- ☑ 24年3月時点で、多くが4〜5％台の分配金利回りに

不動産投資のプロが運用って
どういうこと？

J-REIT は不動産運用のプロというが、具体的にはどのような方策をとっているのか。実はチームで事業活動をしている。

　J-REIT は不動産運用のプロだから、安定した不動産からの収益が得られると説明してきた。しかし、日本中にオフィスビルは大規模なものでも何十万棟ある。オフィス街も東京駅の丸の内だけではない。東京23区、首都圏、関東……、エリアも幅広い。

　そうした中でJ-REIT はどうやって多数の不動産物件を保有できているのだろうか。投資家から資金を募って、その賃貸収入を分配金として返していかなければならない。それなりの優良物件を探して投資を続けなければならないのだ。

投資物件の情報はチームで補完している

　優良物件とはどういった物件だろう。テナントが入りやすい物件でなければならないし、賃料も安定して取れないといけない。年中、テナントが出ていくようでは、良い物件とはいえない。あまりに近いところの2棟同じようなビルを保有しても、競合してしまってかえってリスクかもしれない。成長していくには、規模の拡大も必要だ。常に収益性の高い物件を探し出し、物件の入れ替えをして、投資し続けなければならない使命があるのだ。

そういった情報をどこで得て、どのように戦略を組み、実際に運営していくのだろうか。先ほど紹介したJ-REITの投資法人は社員を雇えず、役員しか置いてはいけないルールになっている。投資法人自体は不動産を保有する「器」のようなものなのだ。

　実はそれを支える外部委託会社こそが、J-REITの生命線ということになるのだ。

　下図は日本ビルファンド投資法人のチーム体制だ。日本ビルファンド投資法人は上場しているものの、実は「器」でしかない。

　ここでいう左側の「日本ビルファンドマネジメント」が実は不動産運用の戦略を練る「資産運用会社」の役割を担っている。アセットマネジメントが担当だ。ビルなどの不動産の管理やテナントへの営業などを担っているのは図の右側の「NBFオフィスマネジメント」だ。プロパティマネジメントが担当だ。

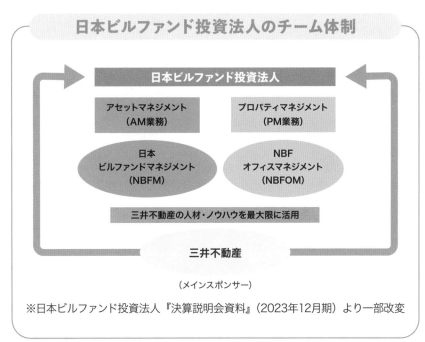

日本ビルファンド投資法人のチーム体制

日本ビルファンド投資法人

アセットマネジメント
（AM業務）

プロパティマネジメント
（PM業務）

日本
ビルファンドマネジメント
（NBFM）

NBF
オフィスマネジメント
（NBFOM）

三井不動産の人材・ノウハウを最大限に活用

三井不動産

（メインスポンサー）

※日本ビルファンド投資法人『決算説明会資料』（2023年12月期）より一部改変

では、実際日本ビルファンドが投資している不動産はどう開発されているのか。それは、メインスポンサーである「三井不動産」が開発しているのだ。それであれば、当然、不動産開発の先行情報も手に入るし、長年蓄積したノウハウを活用できるわけだ。

　つまり、投資法人のバックにどんなスポンサー企業がついているか、その企業の強みはどこにあるか、を見極めることこそが、J-REITを投資する時の選択ポイントになるということもいえるわけだ。

　実際、J-REITのスポンサー企業は、不動産会社、商社、銀行・証券、デベロッパー、ハウスメーカーなど不動産業界のプロがズラリと並んでいる。

　不動産のプロが生んだ不動産の投資商品と聞けば、J-REITの価値が自然とわかるというものだ。

それでも不動産投資がいいですか？

　J-REITの魅力について、長々と語ってしまったが、それでも、不動産の現物に投資する人もたくさんいる。しかも、頭金なしで、マンションの一部屋をローンを組んで買っているのだ。投資したはいいが、実際は不動産管理に詳しいわけではないので、管理会社に手数料を払って、店子の管理をしてもらうことになるし、空き室になれば、一銭も入らず、ローンの支払いがかさんでいく。

REITと不動産投資の違い

	メリット	デメリット
REIT	・運用の手間がかからない ・初期費用が小さい ・運用コストが低い	・不動産の所有的意味合いが薄い ・節税対策が少ない
不動産投資	・裁量を持って収益を上げられる ・物件を所持できる ・節税対策が可能	・手間・管理がかかる ・運用コストがかかる ・初期費用が大きい

　こんなにリスクの高い投資を喜んでする人の気がしれない。それよりも低コストで投資できて、保有しているだけで、何の手間もいらないJ-REITのラクチンさは群を抜いている。NISA口座で保有すれば、高い分配金を受け取っても非課税だ。NISA口座で保有するだけで、節税対策にもなってしまう。不動産投資で節税と言っている人の確定申告をはじめとする手間のかけ方を見ると笑ってしまう。

　われわれが目指すのは、輝かしいセカンドライフの軍資金を得ることだ。面倒なことは一切したくないし、無縁でいたい。面倒くさがり屋こそは、NISAでJ-REIT投資だろう。

■ POINT

☑ 不動産運用はスポンサー企業を中心にチーム運営

☑ 不動産投資の面倒臭さよりは、圧倒的にJ-REIT投資だ

目標額に向けて毎月いくら積み立てる？金融庁の「資産運用シミュレーションサイト」が便利

　投資をする際に決めておきたいのは、投資の目的と目標金額。われわれの場合、60歳にJ-REIT用の購入資金1200万円を作ることがとりあえずの目標だ。

　購入資金は毎月投資信託を積み立てて、資産を増やしていくのが王道。そこで、当初のプランを作るのに利用するとよいのが、金融庁の「資産運用シミュレーションサイト」だ。目標額を達成するのに、毎月いくら積み立ててればよいかも計算できるし、想定利回り次第で目標達成できるかどうかもすぐにわかる。積立金額は無理のない金額から始めて、余裕ができたら増やしてくのがベスト。最初から無理をしないことが肝要だ。

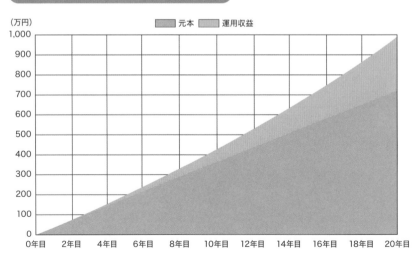

将来の運用資産額　985万円

（万円）

凡例：元本　運用収益

グラフ縦軸：1,000 / 900 / 800 / 700 / 600 / 500 / 400 / 300 / 200 / 100 / 0

グラフ横軸：0年目　2年目　4年目　6年目　8年目　10年目　12年目　14年目　16年目　18年目　20年目

J-REIT vs 投信積立

J-REITで年60万円の分配金を得るためには、ざっくり1200万円の軍資金が必要だ。それをどう捻出するかといえば、その答えが投信積立だ。とにかく愚直に投信積立で1200万円の資金をつくり、それでJ-REITを購入。余力があれば、さらに投信積立を続けよう。

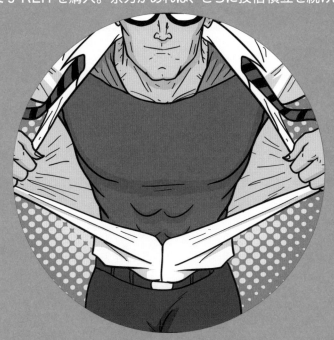

新NISA女王「投信積立」で
まずは軍資金づくり

J-REITでセカンドライフのこづかいを得るにしても、まずは軍資
金づくりが大切。新NISAでとにかく増やせ

長期・積立・分散投資の効果（株式）

20年間毎月1万円を投資した場合

凡例：投資総額 ― MSCIオール（グロス） ― 日経平均

全世界株式（MSCI ACWIグロス）624万円
日本株式（日経平均）503万円
投資総額 240万円

[出所] Bloombergをもとに金融庁作成　[期間] 2001年1月〜2020年12月

　新NISAのメリットはさんざんお話ししたが、実際、どのように
利用したらよいのか、イメージがつかない方もいるだろう。

　3章でも紹介したが、新NISAは「つみたて投資枠」と「成長投
資枠」に分かれている。そして、年間積立額に上限があり、つみた
て投資枠が120万円、成長投資枠が240万円だ。つみたて投資枠は、
金融庁が厳選した280銘柄（24年3月時点）の投資信託（以下投信）
の中からしか選べず、なおかつ、積み立てでしか運用ができない。

手数料が安いインデックス型株式投信を利用

　つみたて投資枠の審査基準は、かなり厳しいものだ。①基本は指定されたインデックス型、②販売手数料・口座管理料は無料、③運用中の手数料・信託報酬は0.75％以下（インデックス型外国株式の場合）、④アクティブ型の場合、運用以降5年経過、純資産額50億円以上、などだ。投信の運用会社はこの基準をクリアするために、NISA用に新しい割安で、分散の効いたインデックス型を開発した。

　実は、つみたて投資枠の投信の大半はインデックス型だ。インデックス型とは、日経平均株価など特定の指数に連動する運用成績を目指す投信。市場が上昇していれば運用実績も上がり、下がっていれば運用実績も下がる。指数に連動するよう、機械的に運用するため、コストが低く済む。これに対して、アクティブ型は、ファンドマネジャーが、市場の上げ下げに関係なく、常に、高い実績を目指して運用していくもの。リサーチなどに費用がかかり、コストが高めだ。しかし、過去の検証から、10年など長い期間で見ると、インデックス型のほうが、運用実績が高いという結果が出ている。

　つまり、インデックス型株式投信を選ぶのが正解だ。

　実際、280本ある投信のどれを選んで、つみたて投資枠で積み立てを始めればよいのか。これも本当によく聞かれる質問だ。

　前ページのグラフは、毎月1万円を20年間「日本株式」と「全世界株式」に積み立てていった場合の運用実績だ（2003年1月〜2022年12月）。金融庁が公表している。この間の2008〜2009年にリーマン・ショックという株価暴落があり、株価が半分以下に下がった。2020年にはコロナ・ショックも起きている。それでも、投資元本240万円に対して、日本株式は443万円、全世界株式は690万円に増えている。日本株で約1.8倍、全世界で約2.9倍だ。

ここから学ぶべきことは、途中で株価が半分になるようなことがあっても、20年という長期で積み立てていけば、投資元本を大きく上回る可能性が高いということ、そして、日本株だけに投資するより、全世界の株式に投資するほうが、分散効果が高く、運用実績も高くなるという結果だ。

つみたて投資枠で「全世界株式型」1本

　というわけで、J-REITの軍資金づくりは、新NISAのつみたて投資枠を使って「全世界株式型」投信を利用して積み立てればよい。

　「全世界株式型」投信は何種類かあるが、インデックス型投信なので、どこも大体、ＭＳＣＩオール・カントリー・ワールド・インデックスという株価指数に連動し、運用実績がほぼ同じなので、利用している金融機関で販売されているものを選べばよい。右図は「eMAXIS Slim 全世界株式（オール・カントリー）」という投信の目論見書（もくろみしょ、重要事項説明書類）内のポートフォリオだ。

　運用対象となる国は、先進国23カ国、新興国24カ国だが、そのうち6割は米国となっている。世界の株式市場を牽引しているのは常に米国株ということがわかる。単純計算だが、全世界株式に月3万円を20年投資したら、1872万円になり、J-REITの購入資金は十分に貯まる

■ POINT

☑ 新NISAのつみたて投資枠対象投信を利用すると安心

☑ 具体的には全世界株式型投信1本で積み立てればOK

「全世界株式型」投資信託の対象インデックスの国・地域別構成比率の例

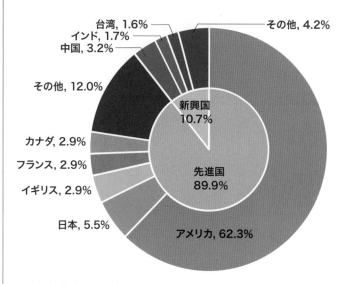

台湾, 1.6%
インド, 1.7%
中国, 3.2%
その他, 4.2%
その他, 12.0%
カナダ, 2.9%
フランス, 2.9%
イギリス, 2.9%
日本, 5.5%
新興国 10.7%
先進国 89.9%
アメリカ, 62.3%

・表示桁未満の数値がある場合、四捨五入しています。

・MSCI Inc.のデータを基に三菱UFJアセットマネジメント作成（2023年9月末現在）

先進国・地域	（23ヵ国・地域）	新興国・地域	（24ヵ国・地域）
アメリカ	イタリア	中国	カタール
日本	香港	インド	クウェート
イギリス	シンガポール	台湾	ポーランド
フランス	ベルギー	韓国	トルコ
カナダ	フィンランド	ブラジル	フィリピン
スイス	ノルウェー	サウジアラビア	チリ
ドイツ	イスラエル	南アフリカ	ギリシャ
オーストラリア	アイルランド	メキシコ	ペルー
オランダ	ポルトガル	インドネシア	ハンガリー
デンマーク	ニュージーランド	タイ	チェコ
スウェーデン	オーストリア	アラブ首長国連邦	コロンビア
スペイン		マレーシア	エジプト

今の充実が欲しい
VS 将来の安定が欲しい

投信積立をすればよいことはわかるけれど、毎月の家計がカツカツ
で回せるお金がないというのは、自分への言い訳だ。

充実したセカンドライフに備え始めるべきこと

投信積立の重要性はわかったけれど、どうしても積み立てに回す
お金がない。どうしたらよいか。これもよく聞く質問だ。

こういう人はそもそもなぜ自分は、今、積み立てをしなければい
けないのかをもう一度よく考えてほしい。

今、筆者が提案しているのは、充実したセカンドライフのために、
二つのステップを踏んでほしいということだ。第一ステップは、貯
蓄ゼロから毎月投信積立をして、まとまった資金づくりをすること
だ。目標は新NISAの投資上限額の1800万円を埋めることだが、
これは理想だ。実際はできる範囲でいい。

第二ステップは貯まったお金の中から、できれば、1200万円分
でJ-REITを購入することだ。そのあとは、ほったらかし。J-REIT
の分配金がセカンドライフ代になる。

貯蓄の先取りの癖をつける

今をとことん楽しむか、節約して招待に備えるか。あなたはどっ
ち派がいいだろうか。生涯の収入イメージを右の図にまとめた。

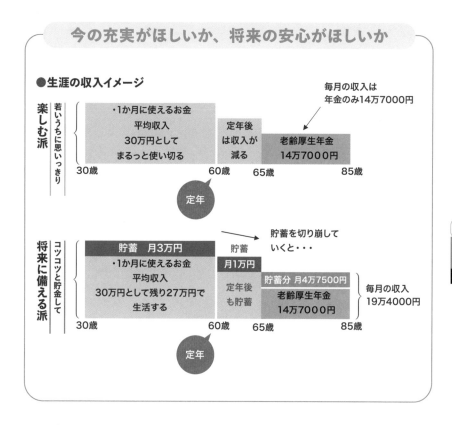

今の充実がほしいか、将来の安心がほしいか

●生涯の収入イメージ

楽しむ派（若いうちに思いっきり）

・1か月に使えるお金 平均収入 30万円として まるっと使い切る

定年後は収入が減る

毎月の収入は 年金のみ14万7000円

老齢厚生年金 14万7000円

30歳　　60歳　　65歳　　　　　　85歳

定年

将来に備える派（コツコツと貯金して）

貯蓄　月3万円
・1か月に使えるお金 平均収入 30万円として残り27万円で 生活する

貯蓄を切り崩していくと・・・

貯蓄 月1万円

定年後も貯蓄

貯蓄分 月4万7500円
老齢厚生年金 14万7000円

毎月の収入 19万4000円

30歳　　60歳　　65歳　　　　　　85歳

定年

現在の手取り額が30万円としよう。現役時代に貯蓄をせず老後を迎えると、貯蓄がないので、65歳からは公的年金だけで暮らすことになる。その場合、現役時代に比べて約半分の金額で暮らすことになる。もしも、毎月コツコツと積み立てをし、60歳まで月3万円、定年後も65歳まで月1万円を積み立てると、合計で1140万円（元本）。貯蓄を65歳から85歳まで20年間切り崩していくと、毎月4万7500円を使えることになる。現役時代との収入差は小さくなる。

あなたなら、どちらがいいだろうか。

貯蓄はある意味、習慣だ。給料をもらって余ったら、貯蓄しよう
と思っても誰もできない。とにかく、給料がもらったら、まず３万
円を自動的に積立定期預金（もちろんNISAでも）に自動振替する
手続きをしてしまうのだ。いわゆる、先取貯蓄だ。こうしてしまえ
ば、残ったお金だけで暮らすようになる。何かを我慢したり、節約
したりしなければいけないが、一度、セットしてしまえば、とにか
く自動的に積み立てられていくから手間なしだ。先取貯蓄をとにか
く、実践してほしい。

60代後半からの勤労収入は100万円台

いやいや、人手不足の時代だから、60代でも、70代でも働いて
稼げばいいじゃないか。そんな声も聞こえてくる。もちろん、60
歳で定年を迎え、その後、雇用継続などで65歳まで働いた後も、
何らかの形で働くのは大賛成だ。

現役世代全体でみると、把握しづらいので、自営業者を含む就業
者全体の48歳以上の数字を見てみよう。平均値でみると、48歳〜
59歳は概ね500万円程度の収入なことがわかる。継続雇用者が多
い60代前半は、定年前の85％程度の収入を確保していることがわ
かる。しかし、60歳後半になると、平均値で54〜56歳の６割、中
央値でみると５割の収入にとどまっている。65歳以降は徐々に中
央値が下がっており、月10万円稼げれば御の字だろう。

公的年金＋月10万円あれば十分だろうという考え方もあるが、
それはあくまで、日々の生活を全うしていく時の話だ。いざ、体調
を壊して入院した、要介護になり働けなくなった、ということにな
れば、この構図はあっという間に崩れてしまう。どう考えても、就
労所得だけで、セカンドライフを乗り切るのは無理があるのだ。

給与所得者（年間勤続者）の平均給与

（万円）

	2019年	2017年
~19歳	135	140
20~24歳	264	251
25~29歳	369	345
30~34歳	410	406
35~39歳	445	468
40~44歳	476	503
45~49歳	499	509
50~54歳	525	506
55~59歳	518	492
60~64歳	411	401
65~69歳	324	328
70歳~	282	348

出典：国税庁「民間給与実態統計調査」

　不労所得とは、よく言ったものだが、J-REITの分配金はまさにこれに当たる。新NISAの成長投資枠1200万円ぎりぎりまで投資した場合、分配金利回り５％で、年60万円という収入になるが、何かあれば、生活費ではなく、病院代や介護施設代に充てることもできる。

■ POINT

☑ 積み立てるお金が捻出できないなら、先取貯蓄で実践

☑ 65歳以降も勤労所得で賄うにはムリがある

積み立てたNISAから J-REITに買い替える

新NISAで運用した資金は途中で引き出すことが可能だ。ライフイベントにも使えるが、商品の買い換えも可能なのだ。

　読者の皆さんが今、どんなライフステージにいるかによって、保有している資産も、これから待っているライフイベントも違ってくる。新NISAの利用法も、手持ち資金とライフイベントという二つの要素によって大きく変わってくる。

　ただし、実は30歳から新NISAを始めて、50歳から新NISAを始めても、そこにすごく大きな差があるわけではないと思っている。30歳から始めて、50歳から始めても、同じ、だと言っているわけではない。もちろん、投信積立は1日でも早く始めたほうが、複利効果で大きく増えていく。時間を味方につけるという意味で、それはもう30歳のほうが有利なのは間違いない。

ライフイベント時にNISA資金を解約する

　ただし、若ければ若いほど、こなさなければいけないライフイベントが多い可能性が高い。20〜30代であれば、結婚と出産が考えられる。30〜40代でマイホーム購入をすることが多い。頭金ゼロでも購入できるが、少なくとも諸費用に何百万円は必要になる。不動産価格が上がっている昨今、頭金も含めて300万〜800万円くらいは用立てる感じだろうか。

問題なのは子どもの教育費だ。大学４年間の授業料が500万円前後かかるので、子どもが二人いたら1000万円必要になる。さすがに毎年100万円前後かかる資金を給料から出せる人は少ないだろう。それまでに貯蓄をして、資金を確保しておく必要がある。こう考えると少なくとも、30歳から新NISAで投信積立をしていても、２回程度はお金を引き出す可能性がある。積み立てては引き出し、また積み立てる。図にすると下のようなイメージだ。

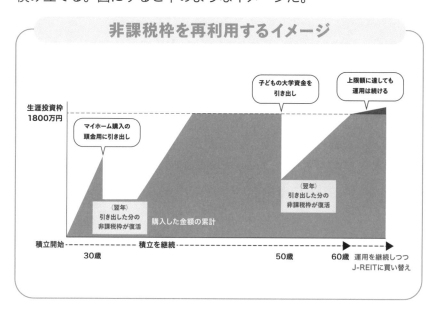

非課税枠を再利用するイメージ

生涯投資枠
1800万円

マイホーム購入の
頭金用に引き出し

（翌年）
引き出した分の
非課税枠が復活

購入した金額の累計

子どもの大学資金を
引き出し

（翌年）
引き出した分の
非課税枠が復活

上限額に達しても
運用は続ける

積立開始 -------------------- 積立を継続 --------------------
30歳　　　　　　　　　　　　　　　　　　　　50歳　　　60歳　運用を継続しつつ
　　　　　　　　　　　　　　　　　　　　　　　　　　　　　　　J-REITに買い替え

　イメージ図だと、マイホームの購入後に一度積み立てをやめているが再開し、40歳くらいで早々に生涯投資枠に到達している。「そんな人いるのか」と言われてしまいそうだが、まあ、イメージ図なのでお許しいただきたい。
　その後、積み立て資金の流入がなくとも、運用を続けると、1800万円の投資元本は50歳時には2500万円くらいに増えているかもしれない。そこから、教育資金1000万円を引き出すと、いくらか投資

枠が空くので、その分をまた積み立てることができる。60歳までに1800万円の投資枠に到達したら理想的だろう。

60代にJ-REITに買い替えをする

さて、新NISAの引き出し可能ルールは、ライフイベント費に使うための解約だけに使うわけではない。商品の入れ替えに利用してもいいのだ。

つまり、老後が近づいてきたら、今まで積み立てた投信を解約して、その資金でJ-REITを購入するのだ。この作業は、定年を迎えてしばらくして、落ち着いてから着手するのでも十分だろう。

ここで再度注意点だが、J-REITはほかの日本株などと同じで、証券会社でしか購入できない。もしも、NISA口座が銀行にある場合は、どこかのタイミングで金融機関を移す必要がある。これから始める人は最初から証券会社で実践してほしい。

つみたて投資枠で積み立てていた投信を解約するのは簡単だ。注文画面に行き、解約ボタンを押し、解約金額を指定すればいいだけだ。解約された資金は、NISAをしている金融機関に預り金として置いておくのがいいだろう。どうせすぐ使うからだ。

運用額と積立元本の違いに気を付ける

ここで多くの人が間違える可能性があるのが、自分が解約した資金分だけ、NISAの投資枠が空くと思うことだ。これは大間違いなので気を付けたい。NISAの投資枠は、あくまで積立元本分が再利用できるようになる。200万円引き出したとしても、200万円の枠が空くわけではない。

いくらの枠が空いたのかは、金融機関ごとに画面が違うが、下画像は楽天証券のNISA運用画面だ。左側の赤枠で囲ったところで、確認することができる。

　つみたて投資枠で運用したお金を解約。今度は成長投資枠で運用を続けるということだ。

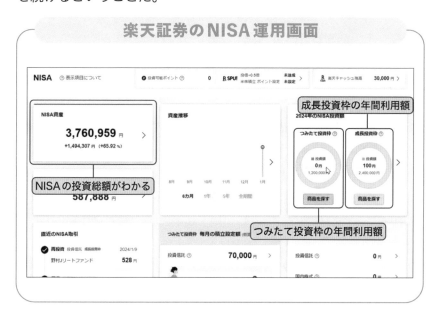

楽天証券のNISA運用画面

■ POINT

☑ NISAの解約ルールは、商品の差し替えにも利用できる

☑ 解約した運用金額分、投資枠が空くわけではない

J-REIT 購入時は 注文作法を知っておく

投信積立は一度購入すればあとは、何もしなくとも継続できる。これに比べ、J-REIT 購入時は多少、注文作法を知っておく必要がある。

　さて、軍資金も用意できたら、今度は実際に注文ということになる。銘柄の選び方は次章でじっくり解説するので、ここでは、何かJ-REIT銘柄を注文するということで説明していく。

　正直、J-REITの注文方法は日本株とまったく同じだ。つまり、株式投資をしたことがある人なら、何の問題もないということになる。ただ、ネットの画面で注文するのが今の一般的な流れなので、注文時にあせらないように、経験者もおさらいの意味でみてほしい。

取引時間は 9 時～11時30分、12時30分～15時

　次ページの図はネットの注文画面（SBI証券の例）の例だ。J-REITの売買は証券取引所で取引が行われる時間（＝立会時間）だけ実行できる。ちなみに、前場（ぜんば）と呼ばれる9時～11時30分、後場（ごば）と呼ばれる12時30分～15時の間に取引ができる。その間は値動きをするということになる。ただし、注文するだけなら、ネットで予約しておけばいいので、24時間可能だ。

　注文は「日本株」の取引画面にいってする。画面の例はトヨタ自動車だが、たとえば、日本ビルファンドと銘柄名を入れればOK。証券コードを入力するほうが間違いないので、あらかじめ、番号を調べておくと安心だ。

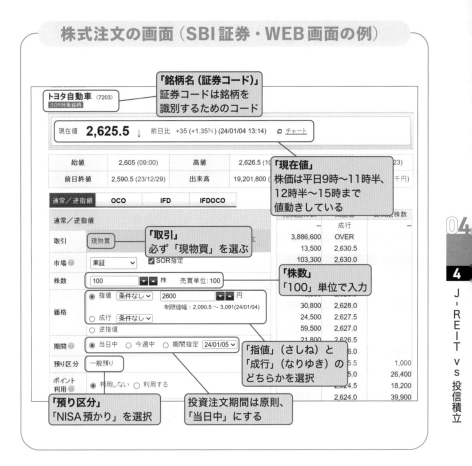

株式注文の画面（SBI証券・WEB画面の例）

トヨタ自動車 (7203)
SOR対象銘柄

「銘柄名（証券コード）」
証券コードは銘柄を
識別するためのコード

| 現在値 | **2,625.5** ↓ | 前日比 +35 (+1.35%) (24/01/04 13:14) | □ チャート |

「現在値」
株価は平日9時〜11時半、
12時半〜15時まで
値動きしている

| 始値 | 2,605 (09:00) | 高値 | 2,626.5 (10 | | 23) |
| 前日終値 | 2,590.5 (23/12/29) | 出来高 | 19,201,800 | | 千円) |

| 通常／逆指値 | OCO | IFD | IFDOCO |

通常／逆指値

				成行	
取引	現物買	「取引」必ず「現物買」を選ぶ		3,886,600	OVER
				13,500	2,630.5
市場	東証 ∨	☑SOR指定		103,300	2,630.0
株数	100 ▲▼ 株 売買単位:100	「株数」「100」単位で入力			
価格	◉ 指値 条件なし∨ 2600 ▲▼ 円			30,800	2,628.0
	制限値幅：2,090.5〜3,091(24/01/04)			24,500	2,627.5
	○ 成行 条件なし∨			59,500	2,627.0
	○ 逆指値			21,800	2,626.5
		「指値」（さしね）と		6.0	
期間	◉ 当日中 ○ 今週中 ○ 期間指定 24/01/05 ∨	「成行」（なりゆき）の		5.5	1,000
		どちらかを選択			26,400
預り区分	一般預り			2,624.5	18,200
ポイント利用	◉ 利用しない ○ 利用する			2,624.0	39,900

「預り区分」
「NISA預かり」を選択

投資注文期間は原則、
「当日中」にする

　次に取引の種類に「現物買」「信用買」があるが、現金で株を購入する通常取引なので、「現物買」を必ず選ぶようにしよう。また、株数の欄は1株であれば「1」、2株であれば「2」と入力する。

　問題なのは「価格」欄だ。「指値」（さしね）と「成行」（なりゆき）がある。株を購入する際は、株価が〇〇円になったら買うと設定する「指値」と、現状の株価で買う「成行」というどちらかを選び、購入する。成行の場合は、いくらでもいいから市場価格で買うという注文なので、現在の取引可能な価格で売買が成立（＝約定・やくじょう）する。

複数銘柄購入時には240万円の枠にも注意

　１銘柄を注文する分には、ハラハラドキドキするものの、注文ボタンさえ押せば、後は野となれ山となれだ。ただ今回は１年の間に、何銘柄も購入する、できれば、成長投資枠上限の240万円まで、J-REITを購入したいという戦略だ。

　いくつかの注意点がある。まず投資額だ。次図は１年に３銘柄のJ-REITを買ったとした場合のイメージ図だ。最初に50万円で【A】J-REITを購入。次に80万円で【B】J-REITを購入。これで、投資額は130万円。何の問題もない。次に55万円の【C】J-REITを２株、110万円で購入しようとしたとする。予定どおり110万円で購入できれば、130万円＋110万円＝240万円なので、年間投資額ぴったりだ。理想的といえるだろう。しかし、成行で購入し、株価が上がってしまって、112万円で約定したらどうなるのだろう。

　残念ながら、この取引はNISA外取引となってしまう。分配金を受け取れるが、普通に２割課税がされてしまう。こういう時は指値注文をするか、上限ギリギリではなく買える銘柄に変更するのも手だ。

　ちなみに、240万円分の投資をしたからといって、その年に受け取る分配金が非課税でなくなるということはないので、安心してもらいたい。また、万一、50万円で買った銘柄を60万円で売却した場合。復活する金額は購入価格の50万円。しかも、翌年から再利用できるので気を付けよう。

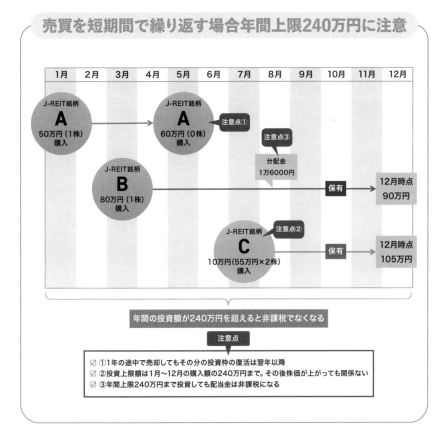

売買を短期間で繰り返す場合年間上限240万円に注意

1月	2月	3月	4月	5月	6月	7月	8月	9月	10月	11月	12月

J-REIT銘柄
A
50万円 (1株)
購入

J-REIT銘柄
A
60万円 (0株)
購入
注意点①

注意点③
分配金
1万6000円

J-REIT銘柄
B
80万円 (1株)
購入
保有
12月時点
90万円

J-REIT銘柄
C
10万(55万円×2株)
購入
注意点②
保有
12月時点
105万円

年間の投資額が240万円を超えると非課税でなくなる

注意点

☑ ①1年の途中で売却してもその分の投資枠の復活は翌年以降
☑ ②投資上限額は1月～12月の購入額の240万円まで。その後株価が上がっても関係ない
☑ ③年間上限240万円まで投資しても配当金は非課税になる

■ POINT

☑ 注文時にはいくつか選ぶ項目があるので事前に学習を

☑ 複数銘柄の注文時は年間投資枠超えにならないように

新NISA女王「投信積立」の 出口戦略としてJ-REIT

NISAの投信積立は万能だが、運用後は切り崩しか使い道がない。
J-REITに買い替えることで、セカンドライフの賜物となる。

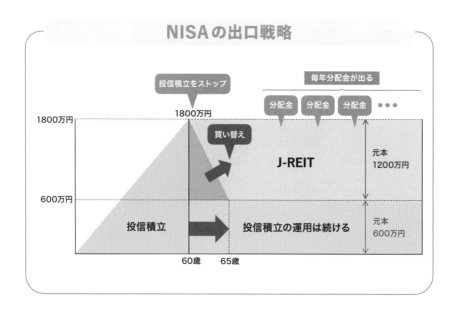

NISAの出口戦略

投信積立をストップ

毎年分配金が出る

1800万円

買い替え

分配金 分配金 分配金 ● ● ●

1800万円

J-REIT

元本 1200万円

600万円

投信積立

投信積立の運用は続ける

元本 600万円

60歳 65歳

　新NISAの売りは、とにかく投信積立で資産を増やしていけるよ う、最上の仕組みづくりをしたことだろう。一度も解約せず、投資 上限の1800万円まで投資して、その後はその資金を運用し続けれ ば、3000万円、4000万円というまとまったお金になることは間 違いないといっても過言ではない。

　もちろん、60歳時に4000万円の資産ができていれば、5％で運 用すれば200万円の収益が生まれる。J-REITに買い替えなくとも、

運用収益を引き出す手もあるだろう。しかし、多くの場合、そう上手くはいかないからこそ、60歳以降は投信積立をほどほどにして、J-REITへの買い換えを勧めているのだ。

退職金の運用先としても「あり」

筆者は新NISAについての書籍を何冊か執筆している。新NISAで〇〇円を〇％で運用したら、〇歳時にいくらになるというシミュレーションも何十回かしている。ただ、実際にNISA運用を始めると、積立額を減額したり、解約することも多々ある。なかなか、運用額は増えていかないのが現実だ。500万円に到達しても、解約で300万円に下がり、少しずつ積み増していって、また500万円になるといった感じだ。

月2万～3万円の運用では、5％などで試算しても、途中のライフイベントで引き出してしまうといくらも残らない。その繰り返しで、編集部に「最後には1億円とは言いませんが、3000万円か4000万円になるように計算してくださいね」と言われるが、そう上手くはいかない。

ただ、55歳くらいに子どもが独立するのであれば、そこから65歳までの10年間などに月10万円を運用すると、資産はものすごい勢いで積みあがっていく。まあ、10万円を10年間、積み立て続ければ、元本だけで1200万円だから、当たり前といえば当たり前だが、これが、夫婦二人でとなると、ものすごく威力を発揮する。

55歳から60歳まで月10万円の積み立てはわかるけれど、60歳以降65歳になるまで月10万円って現実的なの？ と言われそうだが、それは退職金を軍資金に回すという考え方なのだ。

よく退職金で住宅ローンを返済したほうがいいか聞かれるが、筆者はとにかく65歳になるまでは、普通に返済し続けようと答えている。退職金は、もっと年取った時の医療や介護費に使わなければいけないし、その前でも、家のリフォームや子どもの結婚・子育てのサポートに必要なこともある。まさに虎の子なのだ。

ただ、普通預金に寝かせておくくらいなら、新NISAで、つみたて投資枠が空いているなら、そこを埋める投信積立の積立金として当てるのは「あり」な選択肢だ。

55歳の時点でも、NISAに大したお金が貯まってないよ、という人でもがっかりする必要はない。子どもが独立した後の50代後半は人生最後の貯め時だ。ここでこそ、新NISAでの投信積立あり、J-REITへの投資あり、と生涯投資枠の1800万円を埋めまくればいいのだ。

J-REITの買い替えには5年かかる

J-REITの買い替え、あるいは、退職金を使っての新規購入だが、先ほども注意点として述べたように、年間240万円までしか投資できない。筆者の考えでは、J-REITを1200万円保有して、その5％の分配金60万円を毎年受け取る計画だ。つまり、計画が完了するまでに5年はかかってしまうことになる。しかし、もしもNISA口座で購入しないと、60万円のところ、2割引かれて、48万円しか受け取れない。この差は大きすぎる。気長に5年かけてJ-REITへの投資を増やしていってほしい。

ただし、この5年の間に、たぶん50％どころではない確率で、J-REITの株価は上がるだろう。株価が上がっても、早々、分配金は増えないのが、J-REITの仕組みだ。

しかし、そうは言っても、このところ、コロナ・ショック以降、分配金がやや下がり気味だったのは確かだ。それが、ちょこちょこだが、分配金の引き上げを発表する例が散見される。うれしくなって、ジャパンリアルエステイトの発表文を下に掲載している。株価と関係なく営業収益があがれば、分配金は上がるので、業績の回復はうれしい限りだ。そこにも期待大のJ-REITなのだ。

分配金の上方修正例（ジャパンリアルエステイト）

1. 2024年9月期の運用状況の予想の修正（2024年4月1日～2024年9月30日）

	営業収益 （百万円）	営業利益 （百万円）	経常利益 （百万円）	当期純利益 （百万円）	1口当たり 分配金※ （円）	1口当たり 利益超過分配金 （円）
前回発表予想 （A）	34,980	14,280	13,180	14,170	11,300	0
今回修正予想 （B）	42,190	20,330	19,130	18,460	12,100	0
増減額 （B－A）	7,210	6,050	5,950	4,290	800	0
増減率（％）	20.6	42.4	45.1	30.3	7.1	－

※（利益超過分配金は含まない）

■ POINT

☑ J-REITの購入資金として退職金を使うのもあり

☑ J-REITの買い替えには5年かかってしまう

新NISA口座取引での
メリット・デメリット

　証券会社で口座を開設すると、はじめに課税口座が開設される。課税口座は名前のとおり、売買益や配当・分配金に約2割の税金がかかる。口座の種類は、「特定口座（源泉徴収あり）」「特定口座（源泉徴収なし）」「一般口座」の3種類。一般口座と特定口座（源泉なし）は、常に確定申告が必要で、「特定口座（源泉あり）」は場合によっては確定申告をする。これに対し、NISA口座は、利用者が証券会社に申し込むことで、課税口座と別に開設される。課税口座とNISA口座はそれぞれ独立しているため、一方で保有している商品を他方に移すことはできない。NISA口座は確定申告不要である半面、損益通算ができない。損失確定には課税口座に比べて、慎重にならざるを得ない。

NISA口座と課税口座の違いは？

課税口座			非課税口座
「特定口座」 （源泉徴収あり）	「特定口座」 （源泉徴収なし）	一般口座	NISA口座
取引内容を本人に代わって証券会社が計算。税金も証券会社が源泉徴収して納税してくれる	年間の取引内容を証券会社が計算し、売買や損益などが記載された「年間取引報告書」を発行する	年間の取引に関する内容を自分で確認し、損益などの計算も全て自分で行う必要がある	非課税制度が必要となるので、確定申告は不要。他の口座との損益通算（P.40参照）はできない

Chapter 05

銘柄選び
七つの視点

J-REITの醍醐味はもちろん、分配金利回りの高さにある。しかし、ただ利回りが高い銘柄を選べばよいわけではない。不動産管理力、財務力、チーム力など、チェックポイントを見てみよう。

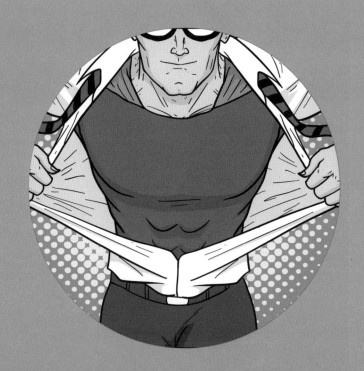

《株価》
元本割れに怯えるな

J-REITはもちろん、預金ではない。当然、値動きをするので、それを怖いと思ってはおしまいだ。株価に怯えてはおしまいだ。

日本ビルファンドの株価推移

いい感じで上昇

コロナ下落

1,000,000

800,000

612,000

400,000

2016/2   2018/2   2020/2   2022/1   2023/9

　投資には投資した元々のお金が減る、つまり元本割れするリスクが必ず付いて回る。元本割れをしないためにすべきことは「安い時に買い、高くなったら売る」、ただそれだけだ。しかし、それがわかれば誰だって投資をして儲かっているはずである。安い時をどうやって判断すればいいのだろうか。

相場は天気予報と同じ

　筆者の場合、投資は天気予報と同じだと思っている。出かける前には、天気予報を見てから家を出る人が大半だろう。晴天の予報なのに台風が来るということはまずないだろうが、それでも天気予報が100%確実だということはない。深夜まで雨は降らないという予報だから傘を持たなかったが、帰宅時間にはすでに本降りになっていた、ということはままある。

　投資も同じだ。筆者の場合、単純に日経平均株価を天気予報代わりにしている。エコノミストやストラテジストたちが今後の日経平均株価をこぞって予想しているが、100%正確に予想できる人などいない。しかし、毎朝テレビで流れる予想気温を参考にして服装を決めるように、日経平均株価の動きから投資行動を決めることはできる。

　筆者は、日経平均株価が3万円を超えれば、上昇相場で景気が良い、あるいは良くなってきている感覚を覚える。日経平均株価が2万円割れだと景気が悪く、株価も冷え切っている相場とみなす。いわゆる「谷」だ。2万円台前半まで下がった時は、前から欲しかった銘柄を購入することが多い。日経平均株価の動きを追うことで、相場観は養われていく。

自分なりのベンチマークを持とう

　日経平均株価が7000円前後まで落ち込んだリーマン・ショックや、その昔、山一證券が破綻した時も経験している。そのような場面では「これから日本はどうなるのか」「株価はまだまだ奈落の底に落ちていく」などとメディアで騒がれる。パニックに陥った投資家たちは投げ売りに走ってしまうのだが、そんな時こそ投資のチャ

ンスだと思っている。万が一、買った銘柄の株価が下がっても、そもそもが「谷」相場なのだから、それ以上大きく下がることは考えにくい。気長に待てばいつかは上がる、というスタンスだ。周囲が「日本沈没」みたいに騒ぐので少し勇気がいるが、この時こそ「買い時」だということを忘れてはならない。

　反対に、日経平均株価が3万円〜3万5000円近辺になると、株価はこれからどこまでも上がるようなムードが漂う。「もっと高く売れる」と投資家たちに欲が出るのは自然なことだ。しかし、このような時、相場はかなり過熱していると感じ、保有銘柄を売ってしまう。

日本ビルファンド投資法人のHPの分配金告知

実績

第44期(2023年6月期)

1口当たり分配金	分配金支払開始日
11,500円	**2023**年**9**月**15**日

運用期間:2023年1月1日から2023年6月30日まで(6ヶ月間)です。
分配金を受け取るためには、2023年6月30日最終の投資主名簿に記載されていることが要件となります。
なお、権利付き最終取引日についてはお取引のある証券会社にご確認下さい。

予想

第45期(2023年12月期)

1口当たり分配金	分配金支払開始日
11,500円	**2024**年**3**月

運用期間:2023年7月1日から2023年12月31日まで(6ヶ月間)です。
予想分配金は、一定の条件のもとに算出したものであり、状況の変化により実際の数値から変動する可能性があります。
また、分配金の額を保証するものではありません。

では、J-REITの場合はどうするのか。今でこそ「東証リート指数」にもだいぶ慣れたが、はじめのうちは数字の感覚を掴めなかった。その代わり、日本ビルファンドは上場以来、その株価を追っていた。日本ビルファンドの値動きは、日経平均株価に似ているので理解しやすかったのだ。あくまで筆者の場合だが、日本ビルファンドが80万円を超えたら、基本は手を出さない。80万円を切って70万円、60万円と株価を下げたら買いのチャンス。J-REITを買う時や売る時には、まず日本ビルファンドの株価を確認する。次に、平均株価を横目で見て自分なりの感覚値で捉えて注文を執行する。このように、軸のブレない参考数値を持っておくことはとても大切なのだ。

値上がりを期待しすぎない

　また、もう30年来「頭と尻尾は猫にやれ」という投資格言に則って行動している。「株価の最も高い部分と、底値的に安い部分はなかなか素人では手が出ないのだから、諦めて他人にくれてやれ」という意味だ。

　結局、株価が今後どうなるかは確実に予想できないのだから、自分ができることをやるしかない。日々、株価の動きを読んで相場観を身につけること、そして儲けようと欲張りすぎないことだ。そうすることで、後悔のない、楽しい投資ができていると実感している。

■ POINT

☑ 自分なりのベンチマークを見つけ、相場観を養おう

☑ 値上がり局面でも、ほどほどで手放す勇気が大切

05

1

銘柄選び七つの視点

《配当利回り》
利率と分配時期に注目せよ

J-REITの魅力はとにかく、分配金にある。どれほどの威力があるか、
具体的に見てみるとわかる。

160万円の投資で年6.6万円の分配金

銘柄	銘柄コード	株価	分配金		年間分配金
			上期	下期	
ジャパンリアルエステイト投資法人	8952	57万6000円	1万1300円	1万1700円	2万3000円
フロンティア不動産投資法人	8964	43万5500円	1万640円	1万500円	2万1140円
日本アコモデーションファンド投資法人	3226	59万5000円	1万700円	1万1040円	2万1740円
				合計	6万5880円

　J-REITの魅力の一つは、分配金の高利回りにある。その理由は主に二つ。一つ目が保有不動産の賃料など安定的な収入があること。二つ目が、運営する法人が利益の90％以上を分配するなど一定の条件を満たすことで法人税が免除されるからだ。そのため、株式の配当などと比較して利回りが高いのだ。

J-REIT に投資するときは、まず直近と２期前の分配金、さらに次にいくらの分配金が出される予定かをチェックしてもらいたい。チェックしたら、分配金利回りを調べよう。分配金利回りは、次の式で求めることができる。

　J-REIT には、予想回りが５％を超えている銘柄が複数ある。このような銘柄に投資することで、安定的な利益を得られるというわけだ。ただし、利回りが高くなる傾向があると言っても、分配金が銘柄の実力を超えて高いということも考えられる。経営不安などのリスク要素を抱えている場合もあるだろう。また、後ほど述べるが、J-REIT はスポンサーの影響が大きい。スポンサーが大手ではない、あるいは直近の決算が悪かったなどの理由で株価が安い場合もある。このような場合には、株価が割安に放置され高利回りになることがある。銘柄の経営状況や将来性などを知るには「投資主総会」の投資主向け資料（決算説明会資料）が役に立つ。投資主総会でその銘柄の状況を説明するために作っている資料だ。必ずホームページにアップされている。50ページ以上あるものも少なくないが、業績の説明、保有物件の内容、今後の投資戦略などが写真や図表を交えて分かりやすく説明されている。銘柄の詳細を知るには最強の資料だ。

6銘柄を組み合わせて毎月分配金をゲット

　J-REIT ではないのだが、人気の投資先に毎月分配型の投資信託がある。毎月の生活費の足しになる、と特に年配の投資家に人気だ。ただし、毎月分配型の投資信託の中には、利益が出ていないのに分配金を支払っているものがある。毎月の分配金を楽しみにする投資家のため、利益が出ていない時には、ファンドが保有する資産を取り崩して分配金として支払うのだ。そうすると、ファンド自体の価

値が下がってしまうため、結局は投資家が損をしかねない。そのことが問題視され、毎月分配型の投資信託の数は減少傾向にある。

　しかし、J-REITを使えば、自分で"お手製の毎月分配型投資信託"を作ることができる。どういうことか説明しよう。

　J-REITは、日本株などと違って決算期が3月に集中していない。年2回の決算制を採用しているのも特徴だ。これらの特徴を生かし、決算期が異なる銘柄でポートフォリオを組むと、毎月分配金を得ることができるのだ。

Jリート分配金利回りランキング

順位	コード	投資法人名	分配金利回り	決算期（月）
1	2971	エスコンジャパンリート投資法人	5.39%	1／7
2	3492	タカラレーベン不動産投資法人	5.34%	2／8
3	3476	投資法人みらい	5.34%	4／10
4	3451	トーセイ・リート投資法人	5.32%	4／10
5	3488	ザイマックス・リート投資法人	5.27%	2／8

※2023年12月11日時点

　例えば「エスコンジャパンリート」は1月・7月、「タカラレーベン不動産」は2月・8月、「ジャパンリアルエステイト」は3月・9月、「トーセイ・リート」は4月・10月。これらの銘柄を組み合わせて保有することで、頻繁に分配金を受け取れる。

資金160万円で年6.6万円分配金

　コロナ・ショックからの立ち直りが遅い分、筆者は周りの友人にも買うなら今だと勧めている。もちろん、自分自身も投資している。

　ここで、購入する銘柄の一例を示したい。普通預金に500万円が眠っているという。今後、何十年もかけて資産運用を行う時間的余裕はないのだから、NISAで投信積立をするよりも、J-REITの分配金で安定的な収入を得るのが得策だろう。

　友人に勧めた銘柄は全部で三つ。東京のオフィスビルに投資する「ジャパンリアルエステイト」（当時の株価、約57万円）、リージョナル・ショッピングセンターに投資する「フロンティア」（当時の株価、約43万円）、賃貸マンションに投資する「日本アコモデーション」（当時の株価、約59万円）だ。それぞれ２株ずつ、投資総額は約300万円だ。分配金はというと、３銘柄合計で年間約６万6000円になる。これを２株ずつだから、年間およそ13万円の分配金となる。もし投資額を５倍の1500万円にすると、分配金は年間約66万円。まさに金の卵を産む投資先なのだ。

05

2

銘柄選び七つの視点

■ **POINT**

☑ J-REITは分配金狙いで！　決算月を分ける

☑ まとめて買えば、老後2000万円問題も解決

89

《負債比率》
金利上昇局面で重要な数値

分配金が高いJ-REITがここまで割安に放置されているのは、金利
上昇局面だから。負債比率は大事なチェックポイントだ。

外部成長と内部成長

先ほど紹介した投資主総会資料には、必ずと言っていいほど「外
部成長」と「内部成長」という言葉が出てくる。色々な銘柄の資料
を読んで自分なりに理解したのだが、外部成長とは「新しい物件を
取得すること」、内部成長とは「保有不動産で退去テナントが出な
いようマネジメントすること」や「管理コストを引き下げて経費削
減を図ること」を指す。積極的に資産拡大を図る「攻め」と、今あ
る資産を磨く「守り」の経営で成り立っているわけだ。

当然ながら、新しい物件を購入できなければ資産が増えず成長で
きないし、今ある物件が収益を生まなければ、いくら新しい物件を
買っても結局儲からないということになる。両方のバランスを取っ
た運営が重要となる。

金利とJ-REITの関係

攻めの戦略である新規物件の取得は、きちんと資金調達ができ
るかがJ-REITの一つの生命線となる。先ほどお話ししたように、
J-REITは、営業収益の9割超を分配金として投資家に払う。つま

り、内部留保ができない仕組みになっている。そのため、良い物件があったとしても、手持ちのキャッシュでポンと買うことはできない。新規物件は、半分は金融機関からの借り入れ、半分は増資という形で投資家から集めた資金で購入する。そのためJ-REITは、金利が上昇すると経営が苦しくなると言われる。借入が多いため、金利が上がるとそれだけ支払利息が増え収益を圧迫するのだ。

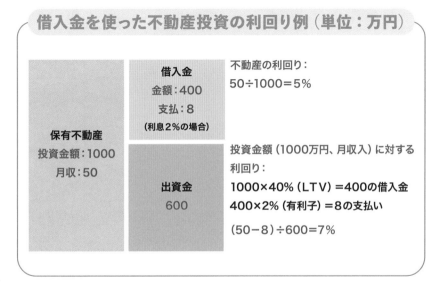

借入金を使った不動産投資の利回り例（単位：万円）

保有不動産
投資金額：1000
月収：50

借入金
金額：400
支払：8
（利息2％の場合）

出資金
600

不動産の利回り：
50÷1000＝5％

投資金額（1000万円、月収入）に対する
利回り：
1000×40％（LTV）＝400の借入金
400×2％（有利子）＝8の支払い
（50－8）÷600＝7％

一方で、金利が上がったからといって賃料が増えることはない。当然、利益が減り分配金も減ってしまうので、投資家にとって魅力は薄れる。実際、金利が上昇するとJ-REITの株価は必ず下がる。その真相関係はかなり明確だ。

負債比率は経営安定を測るバロメーター

経営の健全性を図る指標に「LTV（Loan to Value）」がある。日

本語では「有利子負債比率」と呼ぶ。これは、J-REITが保有する総資産に占める借入金の割合をパーセンテージで表したものだ。

Jリート低有利子負債比率ランキング

順位	コード	投資法人名	有利子負債比率
1	3472	大江戸温泉リート投資法人	30.0%
2	3287	星野リゾート・リート投資法人	36.7%
3	8964	フロンティア不動産投資法人	37.1%
4	3283	日本プロロジスリート投資法人	37.7%
5	3481	三菱地所物流リート投資法人	38.0%
6	3471	三井不動産ロジスティクスパーク投資法人	38.6%
7	8955	日本プライムリアルティ投資法人	40.3%
8	3488	ザイマックス・リート投資法人	40.9%
9	8985	ジャパン・ホテル・リート投資法人	41.4%
10	3292	イオンリート投資法人	41.6%

※2023年12月11日時点

　この値が低い銘柄は、金利が上昇しても経営の圧迫度が少なく、経営が安定していると考えられる。しかしながら、LTVは低ければ低いほど良いとも言い切れない。企業が借入金によって設備投資をして事業を拡大するように、J-REITも借入金によって新規物件を取得することで、より多くの収益を得ることがきるようになる。LTVの値が高いということは、少ない借入金をうまく利用してレバレッジの効いた経営を行っているという見方もできるのだ。各銘柄のLTVは、財務方針の違いを表す指標でもある。

とはいえ、LTVの値は低いほど安全性が高いというのは事実。要はバランスが大切なのだ。筆者は、LTVが50％以下なら比較的安全だと思っているが、ほとんどの銘柄が負債比率40％台をキープしている。つまり、多くのJ-REITにとって、40％台というのが"バランスの取れた"値ということなのだろう。

　またご存じのとおり、いよいよ日本も金利上昇局面がやってきている。今まで、たとえば、１％で借入ができていた融資の金利が２％、３％と上がってくることになる。金利が低いうちに、なるべく長期で低金利の融資に借り換える動きを各社ともしているが、有利子負債の低さはより重要になるかもしれない。

■ POINT

☑ 新規物件の購入は攻め材料だが、資金は借入で調達

☑ 金利上昇はJ-REITの弱みだが、LTV 50％以下なら合格

《スポンサー》
長いものには巻かれろ

J-REIT のバックには必ず親会社がついている。いわば、スポンサーだ。親の七光りで、美味しい物件調達も可能となることも多い。

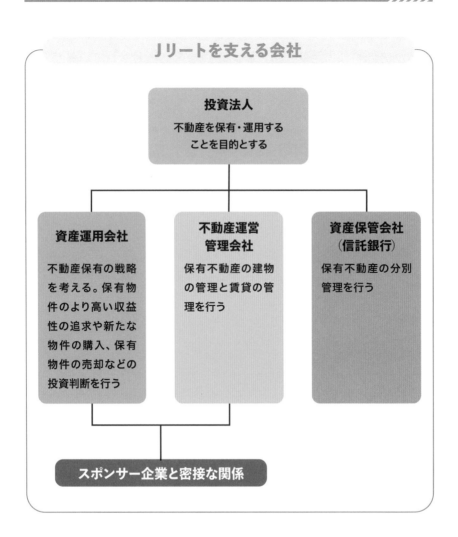

Jリートを支える会社

投資法人
不動産を保有・運用する
ことを目的とする

資産運用会社
不動産保有の戦略を考える。保有物件のより高い収益性の追求や新たな物件の購入、保有物件の売却などの投資判断を行う

不動産運営管理会社
保有不動産の建物の管理と賃貸の管理を行う

資産保管会社（信託銀行）
保有不動産の分別管理を行う

スポンサー企業と密接な関係

親の七光り スポンサーも実力のうち

　J-REITが成長していくには、新しい物件の調達が欠かせない。J-REITがどのように新規物件を取得するのかというと「親の存在」に頼ることが多い。いわゆるスポンサーだ。代表例を挙げると、日本ビルファンドなら三井不動産、ジャパンリアルエステイトなら三菱地所がスポンサーとなっている。これらのスポンサー企業はオフィスビル開発が長く、多くの物件を管理しているため、"子ども"であるJ-REITに販売する場合には、ある程度リーズナブルに価格設定される。買い手のライバルも少なく、価格競争に巻き込まれにくいわけだ。

　また、不動産購入時には、金融機関からの借り入れが必然的に発生するが、スポンサーがしっかりしていれば、低めの金利を設定されたり、長期固定金利を設定されたり、有利な条件で借り入れできるメリットもある。先ほど、金利上昇は J-REITのリスクと説明したが、もしも借入金利が低く、しかも長期固定で借り入れていたら、金利が上昇しても利益損失に繋がらない。こうしたわけで、リーマン・ショック後のJ-REIT不振の時期にはかなりスポンサー移動が行われた。以下の表を見ても、主だったリートのスポンサーがそうそうたるメンバーなのは一目でわかるだろう。銘柄選びをする際は、スポンサーは必ずチェックしておくべきポイントである。

　一方のスポンサーからしてみても、あらかじめJ-REITによる物件取得が決まっていれば、買い手が現れないというリスクを排除できる。そのおかげで、安心して土地開発ができるのだ。このように、J-REITとスポンサー企業、お互いに支えあっているのだ。

稼働率で実力がわかる

　不動産取得という外部成長に対し、内部成長についても見ていこう。内部成長を測る基準の一つに「稼働率」がある。稼働率は、まさに保有している不動産にどれだけ入居者が入って稼働しているかという指標である。いくら立派なビルを保有していても、空室が多ければ賃料は入ってこない。稼働率に関しては投資法人の事業がうまくいっているかを表す大事な経営指標のため、各社とも月次、あるいは少なくとも半期の決算ごとにホームページで公表している。それを見ると、稼働率90％台がだいたいの平均値だ。

　しかし、コロナ・ショック後、100％近かった稼働率がジリジリと下がった時期がある。時価総額1位の日本ビルファンドをもってしても、稼働率が一部95％台にまで下がっていた。現在は持ち直してきたものの、それでもリモートワークが普及し、企業はオフィス面積を減らしたり、より家賃の安いところに引っ越したりという動きは現在も続いている。

　投資法人としては、当然、退去されないために家賃を引き下げることも検討する。苦しい選択だが、家賃が一銭も入ってこないよりは、値下げしても家賃が入ってくる方がいいという判断である。実際に家賃を引き下げた投資法人の例もある。

　そのため、一概に稼働率が高ければいいとも言い切れない。投資家としては、家賃引き下げを実施していないか、実施していても投資法人としての利益は堅調に推移しているかというところまで見ておいた方がいい。これらの情報も決算説明会資料の内部成長の項目で確認できることが多い。やはり決算説明会資料は、J-REIT投資において最重要ツールだと言えよう。

また、後ほど詳しく述べるが、J-REITと一口に言っても所有物件は様々だ。景気によって受ける影響も異なる。住宅型の場合、住んでいる人たちは景気が悪いからといってすぐに今住んでいる家を引っ越すことはない一方で、商業型やオフィス型は、景気が悪くなるとテナントの退去や賃料下げなどの動きが現れる。コロナ・ショックのような経済危機においては、稼働率の面でも家賃の面でもこのような銘柄は大きな打撃を受けるという点も理解しておきたい。

Jリートの主なスポンサー一覧

コード	投資法人名	主なスポンサー
8951	日本ビルファンド投資法人	三井不動産㈱ 住友生命保険相互会社 三井住友信託銀行㈱
8952	ジャパンリアルエステイト投資法人	三菱地所㈱
8953	日本都市ファンド投資法人	76㈱ (KKR&Co.Inc.間接子会社)
8954	オリックス不動産投資法人	オリックス㈱
8955	日本プライムリアルティ投資法人	東京建物㈱ 安田不動産㈱ 大成建設㈱

■ POINT

☑ J-REITを見る時は親会社がどこかをしっかり確認する

☑ 物件の良し悪しより、稼働率の中身を見ることが大事

《投資先の分類①》 ビル型・住居型・物流型・ホテル型

J-REITは、投資先によって分類されているが、一つの分野に特化して投資していることが多いので、まずはその例を紹介しよう。

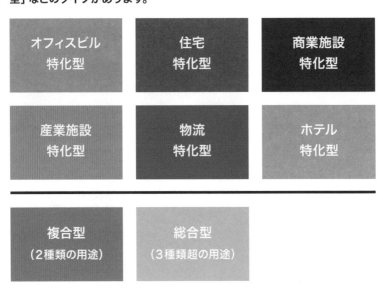

投資対象の不動産によるJ-REITの分類

J-REITにはそれぞれの用途の「特化型」や複数の用途の「複合型」、「総合型」などのタイプがあります。

オフィスビル 特化型	住宅 特化型	商業施設 特化型
産業施設 特化型	物流 特化型	ホテル 特化型
複合型 (2種類の用途)	総合型 (3種類超の用途)	

　J-REITの銘柄は、運用資産のタイプによっていくつかに分類できる。オフィスビルだけに投資するオフィスビル特化型、ショッピ

ングモールなどに投資する商業施設特化型、賃貸マンションなどに投資する住居特化型、倉庫や物流関係施設に投資する物流施設特化型、ホテルなど宿泊施設に投資するホテル特化型などだ。また、二つのタイプの運用資産を持つ複合型や、あらゆる運用資産に投資する総合型もある。

オフィスビル型の物件には有名ビルが沢山

時価総額の大きい銘柄が多いのが「オフィスビル特化型」だ。主だった銘柄を見ると、スポンサーが大手であることがわかる。「日本ビルファンド」は三井物産、「ジャパンリアルエステイト」が三菱地所、そのほか「大和証券オフィス」は銘柄名通りのスポンサーがついている。

2024年2月2日時点でJ-REITは全部で58銘柄あるが、オフィスビル特化型は時価総額ランキングでも存在感が光る。1位の「日本ビルファンド」が1兆4657億円、2位の「ジャパンリアルエステイト」が7996億円と1位、2位を独占しているようなものだ。資産規模が大きくないとなかなかオフィスビルだけでポートフォリオを組むのは難しいということがわかる。

住居型は収益率の高いマンション中心

J-REITの投資先で注目のものは住居だ。現在、住宅特化型は5銘柄ある。

サラリーマンが実際に物件を購入して不動産投資をするとなるとマンションの1部屋だったりするが、J-REITの場合は、丸々1棟を保有する。賃貸マンションは、オフィスビルなどに比べると1棟

当たりの資産規模が小さいため取得しやすく、また景気が悪くなっても急に立ち退きが増えたり、賃料が下がったりするリスクも小さい。比較的安定した経営を行えるのだ。

　時価総額が最大規模の「アドバンス・レジデンス」の場合、2024年1月時点で保有物件数283物件。オフィスビルと違い、地域は色々な地域に分散しているのかと思いきや東京23区の比率が約70%と高い。やはり賃貸マンションでも需要が高いのは首都圏なのだ。各都道府県の転入出超過数というデータを見ると、2022年の流入数が最も多いのは東京である。以下、神奈川、埼玉、千葉と続く。圧倒的に東京とその周りの首都圏に流れ込んでいる。一方で、大都市圏以外の地域では流出が続いている。賃貸物件は東京中心に保有するのが正解だ。

今一番の注目は物流施設特化型

　物流施設特化型は、いわゆる物流倉庫に投資するJ-REITのことだ。近年急激に上場数が増え、J-REIT全58銘柄中9銘柄にのぼる。ネット通販業界の拡大も物流にとっては相変わらず成長の要因となっている。

　その中の代表銘柄「日本プロロジスリート」のポートフォリオは、100%スポンサーのプロロジスの開発する"Aクラス物流施設"である。Aクラスの条件には、延床面積5000坪以上、人口集積地や高速道路のインターチェンジ・港湾・空港の隣接地、効率的な保管と作業を可能にする十分な広さを持つ物件などを挙げている。同社の場合、施設はプロロジスが先進的な物流施設を開発し、それを日本プロロジスリートが購入し、日本での進出を加速させているわけだ。物流施設のテナントを見ると、ZOZO、Amazon、楽天、ジャパネッ

トたかたなど電子商取引関連の企業や、スズケンやニプロといった
医薬品関連企業、ヤマト運輸といった物流企業が名前を連ねている。
これらの顔ぶれを見ると、わたしたちの生活と物流施設がいかに密
接な関係にあるかがわかる。

ホテル特化型は需要回復で増配に期待

　ホテル特化型は、名前の通りホテルに投資するタイプ。「インヴィ
ジブル」「ジャパン・ホテル・リート」「星野リゾート・リート」な
どが代表銘柄だ。

　ホテル特化型の魅力は、業績の好調さだ。インバウンドや日本人
の国内旅行者による需要の回復と、コロナ禍で進めた効率化や客室
単価の引き上げで収益は改善。軒並みガクッと下がったDPU（1
口当たり分配金）も、「インヴィジブル」はコロナ前と同水準に回復、
ジャパン・ホテル・リート」や「星野リゾート・リート」は約6〜
7割程度に回復している。

■ POINT

☑ オフィスビル型、住宅型がJ-REITの主流

☑ これからの注目分野は、物流型とホテル型

《投資先の分類②》
複合型・総合型

一つに絞った特化型に対し、複数の分野に投資するタイプを複合型
（２種類）、総合型（３種類以上）というが、そのメリットは？

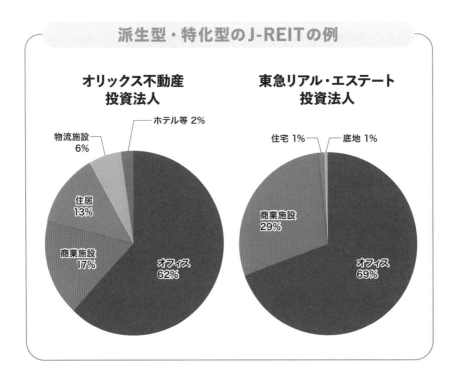

派生型・特化型のJ-REITの例

**オリックス不動産
投資法人**

物流施設
6%
ホテル等 2%
住居
13%
商業施設
17%
オフィス
62%

**東急リアル・エステート
投資法人**

住宅 1%
底地 1%
商業施設
29%
オフィス
69%

J-REITの銘柄は、オフィスビル型、住宅型といった特定の分野
に投資対象を絞ったものが多い。投資信託でいえば、先進国株式だ
けに投資する「先進国株式型」、格付け評価が少し低めの「ハイイー
ルド債券」だけに投資する「ハイイールド債券型」などと考え方は

同じだ。最近は一概にはいえないが、マーケットでは、株式が上がれば、債券が下がる、株式が下がれば、債券が上がるといった逆相関の関係があると教科書的には言われたものだ。

　同じようにJ-REITでも、オフィスビル型と住宅型がこの関係にある。景気のよい時はオフィスビル型の勢いがよい。株価もどんどん上昇する。そうなると、住宅型の株価はパッっとしなくなる。しかし、景気が悪くなり、オフィスビル需要の風向きが怪しくなると、住宅型の株価が元気になってくる。

オフィスビル型と住宅型のいいとこ取り

　そういうわけで、筆者はJ-REITを保有する際は、オフィスビル型と住宅型を１銘柄ずつは持つようにオススメしている。しかし、そんなにいろいろ投資するのは面倒、という人もいらっしゃるだろう。そんな方には、一つの銘柄で、オフィスビルにも、住宅にも、あるいは物流にも投資しているような総合型（３分野以上）や複合型（２分野）を検討してみる手もあると思う。

　数え方はいろいろあって、100％の正解はないのだが、筆者の数え方だと、58銘柄中、総合型が24銘柄、複合型が４銘柄となっている。その代表銘柄として、左ページの図で紹介しているのが「オリックス不動産投資法人」（8954）と「東急リアル・エステート投資法人」（8957）だ。オリックスは完全な総合型、東急リアル・エステートはほぼ２分野に投資しているので複合型ともいえるが、ほかにも投資しているので、筆者は、総合型で数えている。

　オリックスと東急と親会社がどこかを聞けば、その二つの投資法人が総合型なのは何となく、納得される方も多いだろう。たとえば、オリックスといえば、元はリース会社だったが、今や、多角的金融

05
6
銘柄選び七つの視点

会社であり、自らも不動産開発をするため、オフィスビルもあれば、住宅もあれば、商業施設もあれば、ホテルもある。融資事業やオフィス関連その他法人リース事業の情報が豊富に入ってくるところからも、自分の物件、他社物件ともに、幅広い分野の不動産投資ができるというわけだ。

　オリックスでは、総合型REITにすることで、オリックスシナジーを活用すると述べているが、マーケット環境をいち早くとらえて、物件の入れ替えを継続することを投資方針としている。

総合型のポートフォリオ例

（オリックス不動産投資法人）

用途		地域	
		首都圏	その他地域
オフィス	概ね50%±10%	概ね 70%±10%	概ね 30%±10%
商業施設	概ね50%±10%		
住　　宅			
物流施設			
ホテル等			

　J-REITを投資するのに参考となるので、オリックス不動産投資法人のポートフォリオをご紹介しよう。投資対象については、オフィスビルを概ね50%±10%としている。つまり、全体の半分はオフィスビルに投資するということだ。REITの発祥は、そもそもオフィスビルの賃料の証券化にはじまっている。ビル1棟ともなるとその賃料はケタ違いだし、複数のオフィスビルの賃料が入ることで、収益は安定化する。ポートフォリオには、必ず、オフィスビルを入れ

ておきたいということだろう。

　また、地域戦略も明確化している。首都圏への投資比率を概ね
70％±10％にするということだ。J-REITの投資地域は全体的に見
ても、圧倒的に東京だ。まさに、日本の首都であり、官公庁も大手
企業の本社も一極集中している。不動産事業を考えた時も、首都圏
メインなのは当然だろう。あとで紹介するが、J-REITの中には、
東京23区の数区に限定して投資している銘柄もあるほどだ。

総合型は比較的株価が安い銘柄が多い

　また、やや蛇足になるが、総合型は比較的株価が安い銘柄も多い。
オフィスビル型の日本ビルファンドが57万円（それでも安い）、住
居型の日本アコモデーションファンドが57万円なのに比べるとわ
かるだろう。最初の１銘柄に選ぶ手もある。

■ POINT

☑ 総合型・複合型なら景気に左右されにくい

☑ 総合型を見る時は親会社の特徴もチェックしよう

実はこんな特典も！
《株主優待》銘柄もある

J-REITは分配金が高いのが何といってもメリットだ。しかし、中にはそのうえ、株主優待の特典がつく超お得な銘柄もある。

J-REITの株主優待銘柄

銘柄名 （証券番号）	株主優待内容
投資法人みらい （3476）	**全株主▶割引** 全株主　ホテル宿泊料金の割引
インヴィンシブル 投資法人 （8963）	**1口以上▶優待割引認証番号** 1口以上 　ホテル予約時使用可能な優待割引認証番号 対象ホテル 　①シェラトン・グランデ・トーキョーベイ・ 　　ホテル 　②マイステイズ運営のホテル
大和証券リビング 投資法人 （8986）	**1口以上▶入居一時金割引等** 1口以上 　①入居一時金割引 　②体験入居無料（1泊2日） 　③前払金割引 　④月額利用料金割引 　⑤初月利用料割引 　⑥日帰り（昼食付）施設見学無料 　⑦家事・育児・自費介護サービス　等

J-REITの中には、多くはないが、株主優待（投資主優待と呼ぶが以下、株主優待）を実施している銘柄がある。われわれがJ-REITに投資する目的は、長期保有・分配金の入手ではあるが、せっかくのお得制度であれば、もし保有している銘柄に株主優待があれば、利用しない手はないだろう。

保有ホテルの割引制度が主流

　J-REITの株主優待っていったいなんだろう、と想像しづらい人も多いだろう。たとえば、インヴィンシブル投資法人の株主優待は、ホテルの宿泊料金10％割引だ。毎年6月末と12月末時点の投資主を対象に、シェラトン・グランデ・トーキョーベイ・ホテルや、マイステイズブランド・ホテルの「ベスト・アベイラブル・レート」（各ホテルが予約時点において最も安い値段とする料金）から10％割引というもの。対象投資主には、予約のためのアカウントと認証コードの案内が郵送される。

　実は、筆者は株主優待があるからという理由で、随分前に、ジャパン・ホテル・リート投資法人に投資したが廃止となってしまった。優待はおまけと思っておこう。

■ POINT

☑ 保有物件やサービスの利用割引優待を実施する銘柄も

☑ 優待は廃止されることもあるので、おまけと考えよう

分配金をNISAで受け取る際は「株式数比例配分方式」を指定する

　J-REITも含めて株式投資で得られる利益は2つある。ひとつが、購入した銘柄が値上がりすることで得られる収益「キャピタルゲイン」。もうひとつが、配当や分配金によって得られる利益「インカムゲイン」だ。株式投資の世界では、基本的には、「キャピタルゲイン」狙いが王道とされている。本書では、J-REIT投資にあたっては、「キャピタルゲイン」狙いではなく、あえて「インカムゲイン」狙いを薦めている。長期にわたって分配金を受け取ることが目的だからだ。その際注意したいのが、分配金の受け取り方法には下表のように4種類あること。特にNISA口座では、「株式数比例配分方式」を選ばないと、証券口座に自動入金されず、非課税を受けられないので注意が必要だ。

配当金を受け取る方法は4つ

株式比例配分方式	証券会社の取引口座で受け取る方法
登録配当金受領口座方式	保有しているすべての株の配当金を指定した金融機関の口座で受け取る方法
個別銘柄指定方式	保有している株の銘柄ごとに「配当金払込指定書」を提出し、指定した金融機関の口座で受け取る方法
配当金領収書方式	保有している株の銘柄ごとに発行会社から送られてくる「配当金受領書」を受取、郵便局等で換金する方法

Chapter 06

高配当5％を
実現する優良銘柄

J-REITには、オフィスビル型、住居型など、投資先別に値動きや
動きのブレには違いがある。また、決算月の違いや株主優待なども
見逃せないポイント。同じ種類、違う種類などを組み合わせることで、
思わぬ効果も生まれてくる。なお、株価は2024年5月16日終値。

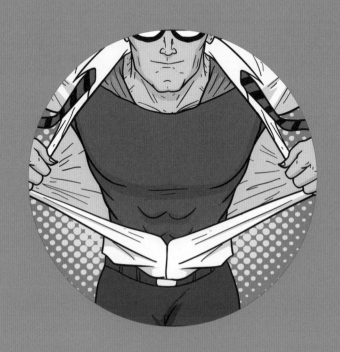

銘柄は一つに絞らず
複数組み合わせる

J-REITは高い時だと、1銘柄で100万円を超える時もある。しかし、2024年現在は割安だ。銘柄組み合わせによりリスク回避しよう。

リート銘柄はなるべくなら分散させる

	景気との連動	値動きの大きさ
オフィスビル型	連動あり	値動き大きい
住居型	連動薄い	値動き小さい
物流型	独自の動き	値動き大きい
商業施設型	連動あり	値動き大きい
ヘルスケア型	連動薄い	値動き小さい
ホテル型	連動あり	値動き大きい

　ここ数年でNISAを始めたような、投資初心者より少し事情に詳しい人に「J-REITを知っているか」と聞いても、ほぼ100%「知らない」と言われる。たま〜に「投資信託ですよね」と言われるが、それは「REIT型投資信託」つまり、上場投資信託ではなく、いわゆる投信のことを言っているのだ。間違いやすい。ややこしいのである。

　というわけで、J-REITは無名なのである。地味な存在だ。みんながよくわからない。それでも、筆者は大好きなのである。そこで

この章では、J-REITに投資する場合、どんな銘柄を選べばよいかを伝授したいと思う。筆者も長年投資はしているが、全銘柄を投資したことがあるわけではない。この章でもすべての銘柄は網羅していない。58銘柄については、APPENDIXの「銘柄リスト」で詳細を確認してほしい。

J-REITは投資先によって値動きが違う

筆者は、J-REIT 1銘柄だけに投資することを推奨しない。なぜなら、J-REITの多くが、不動産の中でもオフィスビルだけ、とか、物流施設だけ、とか投資先を絞り込んでいる。それぞれ、景気の影響の受け方が異なり、値動きも異なるのだ。複数銘柄に投資することで、一つの銘柄が下がっても、別の銘柄が上がるという天秤のような現象が起きる。

具体的には、左表に示したが、経済の上昇、景気の良し悪しに連動しがちなのが、オフィスビルとホテル型、商業施設型だ。逆に住居型、住居型の派生形であるヘルスケア型（老人ホームなどに投資）は景気の影響を受けにくい。なので、オフィスビルと住居型を両方保有するのが基本だ。物流型は今のところは成長型で、通販業界などの伸長で今のところずっと堅調だ。この先、業界が頭打ちになれば、また違ってくるのかもしれないが、一つはもっておきたいものだ。

■ POINT

☑ J-REITは投資対象によって値動きが違う

☑ オフィス型と住居型の両方を保有するのが基本

オフィスビル型に投資して 大金持ち気分を味わう

オフィスビル型の魅力は自分の知っているビルが投資先になっていることだろう。景気の波の影響は大きいが、全面買いもありだ。

オフィスビルずらり

銘柄コード	銘柄名	株価（円）	分配金利回り（%）	決算期（月）	運用タイプ
8952	ジャパンリアルエステイト投資法人	536,000	4.51	3/9	オフィスビル型
8976	大和証券オフィス投資法人	591,000	4.35	3/9	複合型
3234	森ヒルズリート投資法人	135,700	4.53	1/7	オフィスビル型
8987	ジャパンエクセレント投資法人	125,400	4.27	6/12	オフィスビル型

　オフィスビル型は景気の波や災害などの影響を受けやすい。

　新型コロナ感染症の影響をモロに受けたのもオフィスビル型だ。緊急事態宣言中は在宅勤務となったが、その後、在宅勤務がそのまま市民権を得て「オフィスはいらない」という流れも起きた。借りているオフィスの面積を減らしたり、中には退去したりしてしまうテナントもいた。2020年から22年にかけては、どのオフィス型J-REITも営業収益が大きく下がってしまった。だからといって、分配金が大きく下がるという現象があまり起きなかったのが、さす

がというか、不思議なくらいだ。

東京23区中心に物件を保有する4銘柄

　24年の今は、各社とも保有ビルの見直しや、テナントへのサポート強化をして、経営も上向きになっているところが多い。オフィスビルは特に稼働率を見る必要があるが、90％前半まで落ち込んだ銘柄も95％から98％程度にあげてきているのもさすがだ。

　そんな中、筆者がお勧めするオフィスビル4銘柄は左表だ。ジャパンリアルエステイトは日本ビルファンドと並ぶ2大銘柄のひとつ。大和証券オフィスも、森ヒルズリートも、ジャパンエクセレントも東京23区中心に投資している銘柄ばかりだ。森ビルは東京人なら誰でも知っている港区中心に物件を持つ優良企業だ。筆者はジャパンエクセレントが投資している赤坂インターシティに入居していたことがあり、身近に感じている。物件を自分の目で見られるのも魅力だ。

　これら4銘柄のうち、ジャパンエクセレントと大和証券オフィスを1単元、森ビルとジャパンエクセレントを4単元購入すると、ちょうど240万円になる。新NISAの成長投資枠の1年分の投資枠に合致するところも、オススメの組み合わせ法だ。

■ **POINT**

- ☑ 景気の波を受けやすいが立て直し力も強い
- ☑ 4銘柄に投資して年間成長投資枠240万円を埋める

理想は全分野への分散投資
6銘柄への投資が必要

J-REITは投資分野によって、景気の影響の受けやすさに差がある。
リスク回避を考えて6銘柄に分散投資する。

各業種の分散

銘柄コード	銘柄名	株価（円）	分配金利回り(%)	決算期（月）	運用タイプ
8951	日本ビルファンド投資法人	597,000	4.10	6/12	オフィスビル型
3292	イオンリート投資法人	136,400	4.90	1/7	商業施設型
3226	日本アコモデーションファンド投資法人	661,000	3.34	2/8	住居型
3283	日本プロロジスリート投資法人	259,700	3.92	5/11	物流型
3287	星野リゾート・リート投資法人	562,000	3.10	4/10	ホテル型
3455	ヘルスケア＆メディカル投資法人	132,100	4.85	1/7	ヘルスケア型

　J-REITの特化型は、オフィスビル、住居が2大対象分野といっていい。それ以外に、商業施設、物流、ホテルがあり、最近、住居型のさらに特化型として、ヘルスケア型が生まれている。主に老人ホームに投資する。筆者は期待しているが、そもそも収益を取るのが難しいといわれている分野なので、J-REITでも完全特化型が1

銘柄、住居と合わせ技で投資している銘柄が１つあるだけだ。

　ここでは、その６分野の組み合わせを紹介しよう。

６銘柄で投資額200万円超えの優良銘柄

　まずオフィス型はJ-REITの雄、日本ビルファンドを選んだ。スポンサーは三井不動産であり、資産規模も格付けもナンバーワンだ。ただし、優良銘柄は分配金の利回りが相対的に低い傾向がある。安定銘柄は機関投資家も購入することもあり、株価が高くなりがちだからだ。物流型には日本プロロジスリートを選んだ。筆者の大好きな銘柄だが、物流施設の世界最大企業プロロジスがスポンサーで物流型の雄といえる。

　商業施設型はイオンリート、ホテル型は星野リゾートと、スポンサー名を知らない人はいないだろう。住居型の日本アコモデーションファンドも三井不動産がスポンサーだ。そして、日本唯一のヘルスケア型J-REITのヘルスケア＆メディカルも組み合わせた。この６銘柄なら、優良銘柄群といって過言ではない。

　ただし、投資額は６銘柄を１株ずつの購入で225万円前後かかる。６銘柄の分配金は合計で４万2500円程度と低めだ。優良銘柄だけを買うとこの点がデメリットだ。

■ POINT

　☑ 特化型を６銘柄買う優等生プラン

　☑ 優良銘柄ばかり購入すると、分配金利回りは低めに

そこまで積極的でない人は
総合型を1銘柄買ってみる

J-REITは投資先によって、値動きが違う。そのため、一つの銘柄
でバランスをとっているのが総合型だ。1銘柄購入もOKだ。

総合型でガッツリ

銘柄コード	銘柄名	株価（円）	分配金利回り(%)	決算期（月）	運用タイプ
8954	オリックス不動産投資法人	168,100	4.45	2/8	総合型
8955	日本プライムリアルティ投資法人	342,500	4.44	6/12	総合型
8957	東急リアル・エステート投資法人	160,700	4.45	1/7	総合型
3470	マリモ地方創生リート投資法人	133,300	5.41	6/12	総合型
8977	阪急阪神リート投資法人	139,900	4.34	5/11	総合型

　J-REITの良さはわかるが、いきなり何銘柄も買うのには抵抗が
ある人もいるだろう。日本株の優良銘柄なら80〜100万円超がザ
ラなのに比べ、J-REITは割安に放置されているが、それでも優良
な銘柄は50万円台のものが多い。「そんな高いものを、いきなり買
う気にはなれない」というのもごもっともだ。

スポンサーのメリットを生かしているか？

　そこでオススメしたいのが、総合型と言われるオフィスビルにも住居にも商業施設にも投資している銘柄をまずは1銘柄購入してみる、という方法。

　筆者自身は総合型の分析が比較的苦手だ。オフィスビル型なら、IR資料を見て、投資しているオフィスビル群を見たり、売却・購入といった物件入れ替えの内容を見たりすれば、素人とはいえ、何となく、どんなことが起きているのかわかる。総合型の場合は、まず投資先の割合がどうしてそうなっているのか、入れ替えをする時は何が理由なのか、スポンサーの得意分野が活かされているのか、などがわかりにくい。

　ただ、中には比較的、身近に感じられる総合型もある。その代表がオリックス不動産だ。5章でも紹介したが、オリックスというスポンサーのメリットを生かしたポートフォリオ（投資先の割合）が考えられているからだ。同じように、東急リアル・エステートもわかりやすい。日本プライムリアルティはオフィスビルと商業施設の複合型だが、スポンサーの東京建物の活動から察しがつく。また、地方型のマリモ地方創生リートや関西型の阪急阪神リートも投資先が身近な場合、候補に選ぶとよいのではないだろうか。

■ POINT

☑ 総合型はポートフォリオをまずよく見る

☑ スポンサーや投資先が身近なところから選んでみる

分配金の高さ優先で
高利回りの組み合わせをつくる

J-REITの魅力は分配金利回りの高さだが、高ければよいというわけにもいかない。その兼ね合いをどう判断するのかが肝となる。

とにかく高利回り

銘柄コード	銘柄名	株価（円）	分配金利回り (%)	決算期（月）	運用タイプ
3249	産業ファンド投資法人	130,300	5.20	1/7	複合型
8953	日本都市ファンド投資法人	94,400	4.78	2/8	総合型
8972	KDX不動産投資法人	157,300	4.83	4/10	総合型
8985	ジャパン・ホテル・リート投資法人	85,000	4.38	12	ホテル型
3492	タカラレーベン不動産投資法人	102,200	5.28	2/8	総合型

　J-REITは分配金の利回りが高いのが魅力だから、セカンドライフの生活資金用にJ-REITを保有して、分配金を永遠にもらい続けようというのが、この書籍の趣旨だ。

　それなら、なるべく分配金利回りの高い銘柄を選んだほうがいいだろうと考えるのは、もちろん「その通り」だ。しかし、株式でもそうだが、58銘柄あるJ-REITの中でも、ひときわ分配金利回りが

高いときには、それなりに「理由」がある。その見極めが難しい。

合併直後や投資方針変更直後は様子見に

　分配金利回りが高い理由の第一は、経営に不安要素があると判断され、投資家に人気がない場合だ。株価が下がるが、分配金は一定なので、分配金利回りが高くなるのだ。その際、本当にこの先、経営不安になりそうか、IR情報を見て、投資物件のラインナップ、投資方針を見たり、外部機関の格付けを見たりして、問題がないと思えば「お得」ということになる。

　左表の5銘柄は分配金利回りが4％後半から5％台と、J-REITの中で断トツではないが、分配金利回りの高い一群だ。全部買ってもよいし、この中から一つ選んでもよいと思う。

　ちなみに、産業ファンドは三菱商事から米KKRという投資ファンドにスポンサーが変わったばかり、KDXや日本都市ファンドは合併したばかりだ。タカラレーベンは総合型から住居型中心に投資方針を変更した。不安要素はあるが、どれも筆者は問題ないと見る。ジャパン・ホテル・リートは新型コロナの影響が大きかった。分配金が十分の一になってしまったのだ。しかし、これも通常の金額に戻っている。少しでも不安なら、無理に投資するのはやめておこう。

■ POINT

　☑ 分配金利回り4％後半から5％が高い水準

　☑ 株価が安い＝何かしら経営不安があるという目で見る

分配金を毎月受け取れるように銘柄を組み合わせる

決算期の違う銘柄を購入することで、分配金を毎月GETすることができる。セカンドライフがより豊かになること請け合いだ。

毎月分配金が受け取れる6銘柄

銘柄コード	銘柄名	株価（円）	分配金利回り(%)	決算期（月）	運用タイプ
3269	アドバンス・レジデンス投資法人	341,000	3.46	1/7	住居型
8984	大和ハウスリート投資法人	261,600	4.61	2/8	総合型
8958	グローバル・ワン不動産投資法人	105,200	4.56	3/9	オフィスビル型
8956	NTT都市開発リート投資法人	121,200	4.46	4/10	複合型
8960	ユナイテッド・アーバン投資法人	150,800	4.84	5/11	総合型
8964	フロンティア不動産投資法人	457,500	4.76	6/12	商業施設型
	合計	1,437,300			

　J-REITが株式と違う点として、投資単位が1株であること（株式は1単元＝100株）であること、決算期が半年に一度あり、必ず分配金が年2回支払われることだ（一部、年に一度の銘柄あり）。

　しかも、上場企業の決算は3月に集中している。そのため、株主

総会が開かれる５月の後、６月に集中的に配当が振り込まれることが多い。それに比べ、J-REITは決算期がかなりばらけているのが、特徴の一つといえる。決算が年２回あるので、決算期の違う６銘柄に投資すれば、お手製の毎月分配型が実現できるのだ。

毎月分配金を受け取り、投資対象も分散

　ここで選んだ６銘柄は、粒ぞろいだ。１月／７月決算は、アドバンス・レジデンス。筆者が大好きな住居型銘柄だが、伊藤忠がスポンサーで、東京23区の投資比率が７割を占める。２月／８月決算は、大和ハウスリート。大和ハウス系の複数のリートが合併したため、総合型となっており、物流施設の比率が高め。３月／９月決算は、グローバル・ワン不動産。明治安田生命と三菱UFJ銀行がスポンサーのオフィスビル型の銘柄だ。４月／10月決算は、NTT都市開発リート。名前のとおり、スポンサーはNTT都市開発。オフィスビルと住居の複合型になっている。５月／11月は、ユナイテッド・アーバン。この銘柄もオススメ銘柄だ。６月／12月がフロンティア不動産。三井不動産がスポンサーの商業施設型だ。これら６銘柄合計で投資額は約143万円。上手く買えば、２株ずつ投資しても、新NISAの成長投資枠の年間上限額の範囲で購入できる。

■ POINT

☑ 年２回分配金を出す銘柄をチョイス

☑ 投資先もなるべくなら分散できているとベター

将来性があるかもしれない
銘柄に投資する

日本の不動産に未来はあるのか、と質問をされることがある。確かに不確実ではある。そんな中、将来性のある2分野を紹介しよう。

将来性を考えて物流と健康関連施設

銘柄コード	銘柄名	株価（円）	分配金利回り（%）	決算期（月）	運用タイプ
8967	日本ロジスティクスファンド投資法人	279,600	3.79	1/7	物流型
8986	大和証券リビング投資法人	105,700	4.35	3/9	複合型
3281	GLP投資法人	132,900	4.18	2/8	物流型
3481	三菱地所物流リート投資法人	399,500	4.71	2/8	物流型
3309	積水ハウス・リート投資法人	80,900	4.28	4/10	総合型

　J-REITは「J」とついているくらいだから、日本国内の不動産にだけ投資していく。国土が狭い、人口は減り気味、主だったオフィス街はビルがひしめきあっている。これ以上、どこにどんな投資をすれば、成長していくのかと思う人がいても不思議はない。筆者自身は何倍にも成長するとは思っていないが、大規模開発をしそうな街はいくらでも思い当たるし、住居の形態も高齢化社会の中で大きく変わっていくと思うので、成長の余地はあると信じている。

EC市場の成長と連動する物流施設

　今、業界として成長分野と思われているのはどんな分野だろう。AIやECといった最先端技術業界に紛れて、よくあがるのがEC市場だ。アマゾンや楽天市場……10年前には通販などしなかったという人でも、皆、ある程度は利用しているだろう。実際、企業から個人向けのBtoCのEC市場規模は2013年に約11兆円だったものが、22年には22兆円と10年で倍になっている。そこで欠かせないのが、物流施設だ。今や、物流施設とはただの倉庫ではない。在庫管理から発注とともに品出しをして、地域ごとに荷物を運び出す不夜城だ。

　物流施設の場合、テナントの希望した施設を開発するケースが多いので、長期の賃貸借契約を結ぶことも多く、家賃収入が安定しているメリットもある。左表に注目の物流銘柄を三つあげている。

　もう一つ前述したが、筆者が注目しているのが健康分野と呼ばれる施設に投資するJ-REITだ。その代表は6-3で紹介したヘルスケア＆メディカルだ。100％ではないが、左表の2銘柄も老人ホームに投資している。高齢化社会が進む中、介護DXや医療との連携施設の重要性は高く、そうした取り組みをする銘柄を注視していきたい。

■ POINT

☑ J-REITの中で将来性が高いのは物流とヘルスケア

☑ 物流は成長性の高いEC市場と連動しており安定感あり

低位株に投資してみる
6銘柄でも36万円で済む

J-REITは24年3月時点でみると、全体的にかなり割安圏にある。
史上最高値の日本株とは対称的だ。10万円以下の銘柄も多くある。

株価割安銘柄

銘柄コード	銘柄名	株価（円）	分配金利回り（%）	決算期（月）	運用タイプ
8953	日本都市ファンド投資法人	94,400	4.78	2/8	総合型
8961	森トラスト投資法人	72,400	4.67	2/8	総合型
8985	ジャパン・ホテル・リート投資法人	85,000	4.38	12	ホテル型
8963	インヴィンジブル投資法人	71,300	4.92	6/12	ホテル型
3476	投資法人みらい	46,000	5.15	4/10	総合型

　それにしても、24年3月時点でのJ-REITの割安ぶりは、目に余るものがある。日本株が史上最高値を更新し、日経平均株価が4万1000円を超える中、東証REIT指数の動きはパッとしない。コロナ・ショックで東証REIT指数が暴落して、平均分配金利回りが4.8%と急騰したが、その後いったん、3%台と平常の数値に戻ったものの、21年からまたジリジリと平均分配金利回りが上昇し、24年1月時点では4.43%まで上がってしまった。

低位株は高リスクか、割安かを見極める

　割安に放置されている理由はいくつか考えられるが、もっとも大きいのは金利上昇リスクだろう。J-REITは仕組み上、内部留保ができず、新たな物件を購入する時は借り入れで資金調達する。当然、借り入れをする以上、金利が発生する。市場金利が上がれば、それだけ支払う利息が増えるため、リスクと考えられる。もう一つは、前述したが、コロナ・ショックでオフィスニーズが下がったことで、稼働率リスクがあると見られていることだろう。

　そういったリスクを鑑みても、J-REITの現在の実績から考えると、コロナ・ショック時と同じ評価は割安に見られがちだ。その中でもさらに「置いてけぼり」をくらっているのが、投資額が小さめの上場から日が浅い銘柄や投資物件が小ぶりの銘柄だ。左表に掲載した銘柄はどれも株価が10万円以下のものばかりだ。経営面では、コロナ・ショックからも復活し、物件ラインナップも決して悪くない。業界全体が割安な中でも、割を食っているのだ。6銘柄を購入しても投資額は約36万円、トヨタを1単元買うのとほぼ同じ金額だ。得られる分配金は約1万7000円。分配金利回りは4.8%だ。金額と利回り的には実はかなり魅力的だ。

06

8

高配当5％を実現する優良銘柄

■ POINT

☑ 資産規模の小さい銘柄がさらに割安なことも

☑ 株価10万円以下の中から優良銘柄を探索するのも一手

買った銘柄をいつ売るのか
J-REITに出口戦略はいるのか

J-REITの売り時はいつか。そんな質問もよく聞く。セカンドライフの中で資金が必要なら売ればいい。ずっと保有するのも悪くない。

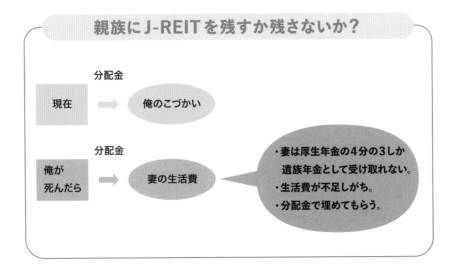

親族にJ-REITを残すか残さないか？

- 現在 → 分配金 → 俺のこづかい
- 俺が死んだら → 分配金 → 妻の生活費
  - ・妻は厚生年金の4分の3しか遺族年金として受け取れない。
  - ・生活費が不足しがち。
  - ・分配金で埋めてもらう。

　J-REITを保有したら最後、「分配金狙い」なのだからずっと保有し続ける、というのが筆者の持論だ。それでも「売り時をどう考えるのか」「出口戦略はなくていいのか」という質問もよく受ける。J-REITに限らず、一般の投資家は買い時以上に売り時に悩む。下がってしまえば、売れずに塩漬けにする。上がっていれば、もっと上がるかもしれないと、売れない。結局、下がった後に上がり始めてトントンになった時に手放す。「やれやれ売り」だ。

お金が必要になるまで、ずっとホールド

　実際のところ、売り時はいつなのか。ひとつの目安が買った時の2倍になったら売るというものだ。ただし、本当は2単元以上もって、1単元を売るのが正解。これで投資金額を回収したので、残りはタダでもらったのも同然。ずっと持とうが、どこかで売ろうが、損得を気にする必要がない。J-REITも理論は同じだが、購入時の2倍になることは、早々ないだろう。そして、分配金狙いだから、銘柄によっては、20年保有すれば、購入額分を回収できてしまうという考え方もできる。

　そうこう考えると、J-REITはやはり何も考えずにずっと持っていればいい、というのが結論だ。もちろん、大病をして医療費が必要、老人ホームに入居するのに、まとまった資金が必要となったら、分配金どころではないので、即、売却だ。そういった時には、虎の子としての威力を発揮する。

　しかし、そんな機会もなければずっと保有して、自分がいなくなったら、親族が相続すればよい。その後のことは、相続した者が考えればよい。しかし、もし残された配偶者が相続すれば、年金一人分で暮らすのは二人の時より厳しくなる。分配金が入れば、随分と心の余裕が生まれるというもの。感謝されること間違いなしだ。

■ POINT

☑ J-REITに出口戦略はない。所詮20年で元が取れる

☑ 配偶者に相続させるのも一考。生活費の足しになる

APPENDIX AP

銘柄リスト

現在、東京証券取引所に上場されているJ-REITは58銘柄。
各社の銘柄データから特徴をつかもう。

（株価は2024年3月18日現在、その他データは3月末時点公表データによる）

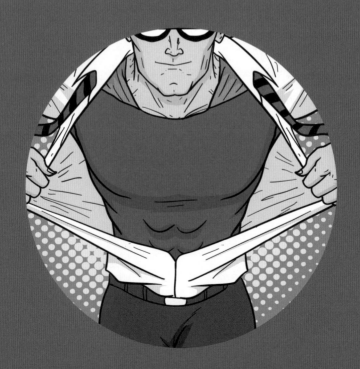

日本ビルファンド投資法人

東証／8951

株価（投資口価格）
57万2000円

ジャパンリアルエステイト投資法人とともに、2001年9月に日本で最初に上場したJリート。三井不動産がメインスポンサーで23区の大型オフィスを中心に投資。時価総額・資産規模ともにJリートの中で最大。

運用資産種別：**オフィスビル特化型**

オフィスビル 100%

分配金予測利回り	NAV倍率	保有物件数	メインスポンサー
	0.96倍	**69物件**	
4.28%	LTV	稼動率	**三井不動産㈱**
	42.80%	**97.40%**	

●分配金実績（6月／12月）

2021年12月	2022年6月	2022年12月	2023年6月	2023年12月
1万1848円	1万3476円	1万1500円	1万1500円	1万1500円

ジャパンリアルエステイト投資法人

東証／8952

株価（投資口価格）
52万5000円

日本ビルファンド投資法人とともに、2001年9月に日本で最初に上場したJリート。三菱地所がスポンサーのオフィス特化型。健全な財務体質で外部成長と内部成長のバランスを取りながら成長を続ける。

運用資産種別：**オフィスビル運用型**

オフィスビル 100%

分配金予測利回り	NAV倍率	保有物件数	メインスポンサー
	0.89倍	**76物件**	
4.53%	LTV	稼動率	**三菱地所㈱**
	42.6%	**95%**※	

※（96.5%）晴海フロント除く

●分配金実績（3月／9月）

2021年9月	2022年3月	2022年9月	2023年3月	2023年9月
1万1356円	1万1400円	1万1500円	1万1667円	1万2000円

【JCR】発行体格付：**AA** 【R&I】発行体格付：**AA-** 【S&P】発行体格付：**A**

日本都市ファンド投資法人
東証／8953

株価（投資口価格）
8万7800円

上場以来2度の合併を経て国内最大級の総合型リートへ。投資対象は商業施設、オフィス、住宅およびそれらの複合施設など。東京・大阪・名古屋の3大都市圏を中心に分散投資、安定した稼働率と分配金を誇る。

運用資産種別：**総合型**

商業施設 62.4%　複合型 17.4%　住宅 0.4%　オフィス 18.8%　ホテル 1.0%

分配金予測利回り	NAV倍率	保有物件数	メインスポンサー
	0.79倍	**133物件**	
	LTV	稼動率	**76㈱**※
5.13%	**44.1%**	**99.2%**	

※KKR & Co. Inc. 間接子会社

●分配金実績（2月／8月）

2021年8月	2022年2月	2022年8月	2023年2月	2023年8月
2286円	**2284円**	**2263円**	**2313円**	**2261円**

【R&I】発行体格付：**AA-**（安定的）【JCR】長期発行体格付：**AA**（安定的）資産運用会社

オリックス不動産投資法人
東証／8954

株価（投資口価格）
15万4600円

オフィスビル、商業施設、物流施設などを運用する総合型リート。スポンサーであるオリックスグループの持つ専門性を活かし、直接不動産管理業務を担うダイレクトPM（プロパティ・マネジメント）が特徴。

運用資産種別：**オフィス中心**
（運用資産は総合型）

事務所（オフィス）54.8%　住宅 11.5%　ホテル等 13%　商業施設 15.3%　物流施設 5.4%

分配金予測利回り	NAV倍率	保有物件数	メインスポンサー
	0.77倍	**111物件**	
	LTV	稼動率	**オリックス㈱**
4.57%	**43.09%**	**98.3%**	

●分配金実績（2月／8月）

2021年8月	2022年2月	2022年8月	2023年2月	2023年8月
3553円	**3460円**	**3852円**	**4068円**	**3744円**

【JCR】長期発行体格付：**AA** 【R&I】発行体格付：**AA**

日本プライムリアルティ投資法人

東証／8955

株価（投資口価格）
30万7000円

東京建物をスポンサーとする、オフィスと都市型商業施設等による複合型リート。ディベロッパー系リートの強みを活かし、大規模開発物件を中心とする立地特性に優れた物件を取得。資産規模は約5000億円。

運用資産種別：**オフィスビル中心**
（運用資産はオフィスビル・商業施設等）

オフィスビル 80.6%

商業施設等 19.4%

分配金予測利回り	NAV倍率	保有物件数	メインスポンサー
	0.79倍	67物件	
	LTV	稼動率	東京建物㈱
4.95%	40.2%	98.4%	

●分配金実績（6月／12月）

2021年12月	2022年6月	2022年12月	2023年6月	2023年12月
7550円	7800円	7750円	7600円	7600円

【JCR】発行体格付：**AA-**（安定的）

NTT都市開発リート投資法人

東証／8956

株価（投資口価格）
11万4800円

2002年9月に上場したプレミア投資法人を引き継ぎ、ＮＴＴ都市開発が単独スポンサーになり2021年に商号変更。東京経済圏のオフィスとレジデンスを主な投資対象とし、中長期的に安定した収益の確保を図る。

運用資産種別：**複合型（オフィス＋住宅）**

オフィス 71.4%

住宅 28.6%

分配金予測利回り	NAV倍率	保有物件数	メインスポンサー
	0.81倍	60物件	
	LTV	稼動率	NTT都市開発㈱
4.69%	44.4%	96.0%	

●分配金実績（4月／10月）

2021年10月	2022年4月	2022年10月	2023年4月	2023年10月
3130円	4054円	2787円	3216円	3239円

【JCR】長期発行体格付：**AA-**　【R&I】発行体格付：**A+**

東急リアル・エステート投資法人

東証／8957

株価（投資口価格）
15万8300円

成長力のある東京都心5区および東急沿線地域のオフィス、商業施設、住宅、複合施設へ重点投資。スポンサーは開発物件をリートに売却し不動産開発などに再投資する。投資対象地域の付加価値向上に期待。

運用資産種別：**オフィス、商業施設、住宅及びそのいずれかを含む複合施設**

オフィス 69.3%　　住宅 1.2%　　商業施設 29.0%　　底地 0.5%

分配金予測利回り	NAV倍率	保有物件数	メインスポンサー
	0.78倍	**30物件**	
	LTV	稼動率	**東急㈱**
4.74%	**43.28%**	**98.5%**	

●分配金実績（1月／7月）

2021年7月	2022年1月	2022年7月	2023年1月	2023年7月
3621円	**3950円**	**4005円**	**4040円**	**3750円**

【JCR】長期発行体格付：**AA-**、債券格付：**AA**

グローバル・ワン不動産投資法人

東証／8958

株価（投資口価格）
10万6400円

近（利便性の高い立地）、新（築年数が浅い）、大（大型）の特徴を持つ競争力の高いオフィスビルを保有するオフィスビル特化型。明治安田生命保険・三菱ＵＦＪフィナンシャルグループ・近鉄グループが出資。

運用資産種別：**オフィスビル特化型**

オフィスビル 100%

分配金予測利回り	NAV倍率	保有物件数	メインスポンサー
	0.78倍	**13物件**	
	LTV	稼動率	**明治安田生命保険相互会社**
5.04%	**45.2%**	**96.6%**	

●分配金実績（3月／9月）

2021年9月	2022年3月	2022年9月	2023年3月	2023年9月
2446円	**2411円**	**2426円**	**2860円**	**3038円**

【JCR】長期発行体格付：**AA**

ユナイテッド・アーバン投資法人

東証／8960

株価（投資口価格）
14万2400円

投資物件の用途・地域を分散させた総合型。商業施設、オフィスビル、ホテルなどに投資。約6700億円の資産規模で、分散の効いた安定運用とともに、資産入替えによる収益性向上に取り組む。スポンサーは丸紅。

運用資産種別：**総合型**

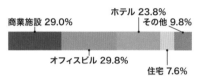

商業施設 29.0%　オフィスビル 29.8%　ホテル 23.8%　その他 9.8%　住宅 7.6%

分配金予測利回り	NAV倍率	保有物件数	メインスポンサー
	0.88倍	141物件	
	LTV	稼動率	丸紅㈱
4.92%	44.5%	99.0%	

●分配金実績（5月／11月）

2021年11月	2022年5月	2022年11月	2023年5月	2023年11月
3100円	3112円	3144円	3229円	3371円

【JCR】長期発行体格付：**AA**（安定的）

森トラスト総合リート投資法人

東証／8961

株価（投資口価格）
6万7600円

森トラストグループをスポンサーとし、主にオフィスビル・ホテルに投資する総合型。2004年に森トラスト総合リート投資法人として上場し、2023年3月に森トラスト・ホテルリート投資法人と合併・商号変更。

運用資産種別：**総合型（オフィスビル中心）**

その他（住宅・ホテル）6.8%
オフィスビル 71.2%
商業施設 21.9%

分配金予測利回り	NAV倍率	保有物件数	メインスポンサー
	0.91倍	21物件	
	LTV	稼動率	森トラスト㈱
4.74%	47.4%	98.9%	

●分配金実績（2月／8月）

2021年9月	2022年3月	2022年9月	2023年2月	2023年8月
3550円	3195円	3000円	2545円	1700円

【JCR】長期発行体格付：**A** 格付け方向性：安定的

インヴィンシブル投資法人

東証／8963

株価（投資口価格）
6万4500円

運用資産種別：**総合型（ホテル・住居中心）**

外資系運用会社フォートレス・インベストメント・グループがスポンサーの総合型リート。インバウンド需要の拡大を見込みホテルセクターを中心にポートフォリオの拡大を進め、ホテルが9割、住居が1割弱。

ホテル 91.7%　　その他 0.5%

住居 7.8%

分配金予測利回り	NAV倍率	保有物件数	メインスポンサー
	1.08倍	**133物件**	
5.44%	LTV	稼動率	**Fortress CIM Holdings L.P.**
	49.8%	**99.5%**	

●分配金実績（6月／12月）

2021年12月	2022年6月	2022年12月	2023年6月	2023年12月
166円	**166円**	**832円**	**1464円**	**1640円**

【JCR】長期発行体格付：**AA**【R&I】発行体格付：**AA-**【S&P】長期会社格付：**A+**

フロンティア不動産投資法人

東証／8964

株価（投資口価格）
42万3500円

運用資産種別：**商業施設特化型**

商業施設特化型リート。スポンサーの三井不動産からの物件供給によりバランスの良いポートフォリオを構築。旗艦物件は「三井ショッピングパークららぽーと新三郷」。安定のため長期固定賃料中心の運用。

商業施設 100%

分配金予測利回り	NAV倍率	保有物件数	メインスポンサー
	0.93倍	**41物件**	
5.04%	LTV	稼動率	**三井不動産㈱**
	38.68%	**100.00%**	

●分配金実績（6月／12月）

2021年12月	2022年6月	2022年12月	2023年6月	2023年12月
1万972円	**1万1117円**	**1万1122円**	**1万1109円**	**1万549円**

【JCR】長期発行体格付：**AA−**（格付の見通し：安定的）

平和不動産リート投資法人
東証／8966

株価（投資口価格）
13万600円

テナント需要の強い東京都区部中心のオフィスと住居に投資する複合型リート。平和不動産がスポンサー。中期目標としていた、1口当たり分配金3300円、格付け「AA-」を達成。現在は資産規模3000億円を目指す。

運用資産種別：**複合型**

オフィスビル 46.9%

住宅 53.1%

分配金 予測利回り	NAV倍率	保有物件数	メイン スポンサー
	0.90倍	**126物件**	
5.11%	LTV	稼動率	**平和不動産㈱**
	46.72%	**97.71%**	

●分配金実績（5月／11月）

2021年11月	2022年5月	2022年11月	2023年5月	2023年11月
2890円	**3050円**	**3130円**	**3160円**	**3300円**

【R&I】**AA-**【JCR】**AA**

日本ロジスティックスファンド投資法人
東証／8967

株価（投資口価格）
26万4800円

物流施設の取得競争が本格化する前の2005年5月に上場。スポンサーは三井物産。金融危機や震災などを乗り越えた経験から、安定運用のノウハウを持つ。自ら保有物件の再開発を行う戦略で高い収益性を実現。

運用資産種別：**物流施設中心**

物流施設 100%

分配金 予測利回り	NAV倍率	保有物件数	メイン スポンサー
	0.86倍	**52物件**	**三井物産AMH**
3.91%	LTV	稼動率	**㈱**※
	43.54%	**100.00%**	

※AMH＝アセットマネジメントホールディングス

●分配金実績（1月／7月）

2021年7月	2022年1月	2022年7月	2023年1月	2023年7月
4800円	**4871円**	**4955円**	**5235円**	**5151円**

【R&I】発行体格付：**A+** 【JCR】長期発行体格付：**AA**

福岡リート投資法人
東証／8968

株価（投資口価格）
16万9600円

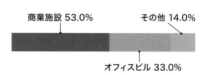

九州地域を主要投資対象とし、商業施設や
オフィスを中心に、物流施設、住宅など幅広
い物件に投資。スポンサーは、福岡地所、九
州電力、福岡銀行など。旗艦物件は複合施設
「キャナルシティ博多」。

運用資産種別：**総合型（商業施設中心）**

商業施設 53.0%　　　　　　その他 14.0%

オフィスビル 33.0%

分配金 予測利回り	NAV倍率	保有物件数	メイン スポンサー
	0.92倍	**35物件**	
4.25%	LTV	稼動率	**福岡地所㈱**
	42.4%	**98.6%**	

● 分配金実績（2月／8月）

2021年8月	2022年2月	2022年8月	2023年2月	2023年8月
3539円	3536円	3523円	3580円	3753円

【JCR】長期発行体格付：**AA**（見通し：安定的）

ケネディクス・オフィス投資法人
東証／8972

株価（投資口価格）
14万7300円

東京圏の中規模オフィスビル中心に運用す
る総合型リート。総合不動産のケネディクス
がスポンサー。2005年の上場時はオフィス
中心だったが、2023年11月に住宅リート
と商業リートと合併し資産規模は1兆円超。

運用資産種別：**中規模オフィスビル中心**

オフィスビル 99.4%

その他 0.6%

分配金 予測利回り	NAV倍率	保有物件数	メイン スポンサー
	0.84倍	**352物件**	
5.16%	LTV	稼動率	**ケネディクス㈱**
	45.22%	**98.2%**	

● 分配金実績（4月／10月）

2021年10月	2022年4月	2022年10月	2023年4月	2023年10月
1万4000円	1万4000円	1万4488円	7647円	7745円

【JCR】長期発行体格付：**A+**（安定的）

いちごオフィスリート投資法人
東証／8975

株価（投資口価格）
7万8300円

中規模オフィス特化型リート。総合不動産の
いちごがスポンサー。首都4都県をポートフ
ォリオの70％以上に定める。中規模オフィ
スは比較的安定したキャッシュフローを有
し、安定的な分配を見込める。

運用資産種別：中規模オフィスビル中心

オフィス 97.0%

その他 3.0%

分配金 予測利回り	NAV倍率	保有物件数	メイン スポンサー
	0.87倍	**88物件**	
	LTV	稼動率	**いちご㈱**
5.20%	**49.7%**	**96.7%**	

●分配金実績（4月／10月）

2021年10月	2022年4月	2022年10月	2023年4月	2023年10月
2185円	**2508円**	**2052円**	**4224円**	**2115円**

【R&I】**AA-**【JCR】**AA**

大和証券オフィス投資法人
東証／8976

株価（投資口価格）
56万9000円

大和証券グループ本社がスポンサーのオフ
ィスビル特化型リート。千代田、中央、港、
新宿、渋谷5の区を最重点エリアと、首都圏
（上記5区を除く東京都、神奈川県、埼玉県、
千葉県）を重点エリアと定める。

運用資産種別：オフィスビル特化型

オフィスビル 100%

分配金 予測利回り	NAV倍率	保有物件数	メイン スポンサー
	0.72倍	**58物件**	
	LTV	稼動率	**㈱大和証券グ ループ本社**
4.82%	**43.1%**	**97.7%**	

●分配金実績（5月／11月）

2021年11月	2022年5月	2022年11月	2023年5月	2023年11月
1万4000円	**1万4000円**	**1万3700円**	**1万3700円**	**1万3700円**

銘柄リスト

【JCR】 **AA−**（安定的）【R&I】 **A+**（安定的）

阪急阪神リート投資法人

東証／8977

株価（投資口価格）
13万6800円

運用資産種別：**複合型**

スポンサーは阪急阪神ホールディングスグループ。関西圏を中心に投資。商業施設6割、オフィス3割、ホテル1割で構成される総合型リート。安定的な収益が期待できる「商業用途区画」に重点を置く。

その他用途区画 1.1%
商業用途区画 73.0%
事務所用途区画 25.9%

分配金 予測利回り	NAV倍率 **0.80倍**	保有物件数 **34物件**	メイン スポンサー
4.44%	LTV **45.6%**	稼動率 **98.5%**	阪急阪神 不動産㈱

●分配金実績（5月／11月）

2021年11月	2022年5月	2022年11月	2023年5月	2023年11月
2909円	2961円	3019円	3043円	3056円

【JCR】長期発行体格付：**A**（安定的）

スターツプロシード投資法人

東証／8979

株価（投資口価格）
19万5400円

運用資産種別：**住宅運用型**

スターツコーポレーションをスポンサーとする住居特化型リート。安定した需要を見込める中間所得者層向けの賃貸を中心に投資。他の住居型リートと比べ都心の投資比率が低い。賃料変動が小さい特性を持つ。

賃貸住宅 99.4%
高齢者向け施設 0.6%

分配金 予測利回り	NAV倍率 **0.81倍**	保有物件数 **108物件**	メイン スポンサー
4.76%	LTV **57.10%**	稼動率 **97.10%**	スターツコーポ レーション㈱

●分配金実績（4月／10月）

2021年10月	2022年4月	2022年10月	2023年4月	2023年10月
4563円	4718円	5971円	5667円	4664円

大和ハウスリート投資法人

東証／8984

株価（投資口価格）
24万6200円

大和ハウス工業をスポンサーとする総合型リート。物流施設、住居、商業施設、ホテルを中核資産と位置付け投資比率を80%以上とする。スポンサーのパイプライン・サポートを受け、資産規模は9000億円超。

運用資産種別：**総合型**

物流施設 52.5%　商業施設 13.8%　その他資産 4.7%
居住施設 26.9%　ホテル 2.1%

分配金 予測利回り	NAV倍率	保有物件数	メイン スポンサー
	0.76倍	**232件**	
	LTV	稼動率	**大和ハウス 工業㈱**
4.67%	**42.6%**	**99.6%**	

●分配金実績（2月／8月）

2021年8月	2022年2月	2022年8月	2023年2月	2023年8月
8242円	8951円	8951円	8951円	8975円

ジャパン・ホテル・リート投資法人

東証／8985

株価（投資口価格）
7万2200円

シンガポール系ファンド会社SC CAPITAL PARTNERSをメインスポンサーとするホテル特化型リート。レジャー宿泊需要が強い都市部やリゾート地へ選別投資を行う。年1回決算銘柄。資産規模は4000億円弱。

運用資産種別：**ホテル特化型**

ホテル 100%

分配金 予測利回り	NAV倍率	保有物件数	メイン スポンサー
	1.01倍	**47物件**	
	LTV	稼動率	**SCJ One (S) Pte. Ltd.**
4.82%	**40.8%**	**78.4%**	

●分配金実績（12月）

2019年12月	2020年12月	2021年12月	2022年12月	2023年12月
3960円	410円	366円	682円	3015円

07

銘柄リスト

大和証券リビング投資法人
東証／8986

株価（投資口価格）
10万2200円

2006年6月、住宅特化型リートとして東証上場後、2度の合併後を経て住宅・ヘルスケア施設の複合型リートへ。賃貸住宅を60〜80%、ヘルスケア施設を20〜40%の投資組入比率とする。資産規模は3900億円。

運用資産種別：**賃貸住宅中心型**

賃貸住宅 70.1%

ヘルスケア施設 29.9%

分配金予測利回り	NAV倍率	保有物件数	メインスポンサー
	0.89倍	**250物件**	
4.50%	LTV	稼動率	㈱大和証券グループ本社
	51.2%	**98.0%**	

●分配金実績（3月／9月）

2021年9月	2022年3月	2022年9月	2023年3月	2023年9月
2160円	**2180円**	**2180円**	**2200円**	**2231円**

ジャパンエクセレント投資法人
東証／8987

株価（投資口価格）
12万3600円

主要スポンサーは、みずほフィナンシャルグループ、日鉄興和不動産、第一生命。金融市場・不動産市場に幅広いノウハウを持つ。オフィスの組入率を90%以上とする総合型だが、現在保有はオフィスビル100%。

運用資産種別：**オフィスビル特化型**

オフィスビル 100%

分配金予測利回り	NAV倍率	保有物件数	メインスポンサー
	0.76倍	**34物件**	
4.34%	LTV	稼動率	日鉄興和不動㈱
	43.60%	**97.90%**	

●分配金実績（6月／12月）

2021年12月	2022年6月	2022年12月	2023年6月	2023年12月
2843円	**2800円**	**2800円**	**2800円**	**2800円**

日本アコモデーションファンド投資法人

格付 【R&I】発行体格付：**AA-**【S&P】長期会社格付：**A+**、短期会社格付：**A-1**

東証／3226

株価（投資口価格）
59万1000円

東京23区の賃貸住宅を主な投資対象とする住宅特化型リート。社宅寮、サービスアパートメント、シニア住宅などをホスピタリティ施設と総称し組入比率10％の範囲内で投資対象に。スポンサーは三井不動産。

運用資産種別：**住宅特化型**

賃貸住宅 94.9%
ホスピタリティ施設 5.1%

分配金 予測利回り	NAV倍率	保有物件数	メイン スポンサー
	0.97倍	136物件	
3.62%	LTV	稼動率	三井不動産㈱
	51.2%	96.9%	

●分配金実績（0月／0月）

2022年8月	2023年2月	2023年8月	2024年2月	2024年8月
10299円	10778円	10645円	11040円 （予想）	10700円 （予想）

森ヒルズリート投資法人

格付 【JCR】長期発行体格付：**AA**（安定的）

東証／3234

株価（投資口価格）
13万4800円

プレミアム物件と称した東京都心5区とその周辺地区の物件に重点投資。旗艦物件は「六本木ヒルズ森タワー」。森ビルグループが開発したタワービルの持分を継続的に追加取得し、資産規模は約4000億円超。

運用資産種別：**総合型（オフィス中心＋
住宅及び商業施設）**

商業施設 5.0%
オフィスビル 93.5%
住宅 1.5%

分配金 予測利回り	NAV倍率	保有物件数	メイン スポンサー
	0.86倍	11物件	
4.55%	LTV	稼動率	森ビル㈱
	46.10%	99.0%※	

※オフィス

●分配金実績（1月／7月）

2023年1月	2023年7月	2024年1月	2024年7月	2025年1月
3040円	3352円	3282円	3070円 （予想）	3080円 （予想）

【JCR】長期発行体格付：**AA**（安定的）

産業ファンド投資法人

東証／3249

株価（投資口価格）
13万1200円

産業用不動産特化型リート。産業活動の基盤となり、中長期にわたり安定的な利用が見込まれる物流施設、研究開発施設、工場、インフラ施設（空港など）を投資対象とする。米国投資会社KKRがスポンサー。

運用資産種別：**産業用不動産特化型**

物流施設 49.4%　　インフラ施設 16.2%

工場・研究開発施設等 34.4%

分配金予測利回り	NAV倍率	保有物件数	メインスポンサー
	0.99%	**80物件**	
5.17%	LTV	稼動率	**76㈱**※
	49.00%	**100.00%**	

※76㈱はKKR & Co. Inc.の間接子会社です。

●分配金実績（1月／7月）

2023年1月	2023年7月	2024年1月	2024年7月	2025年1月
3122円	**3282円**	**3434円**	**3390円**	**3390円**
			（予想）	（予想）

【JCR】長期優先債務格付け：**AA** 【R&I】発行体格付け：**AA-**

アドバンス・レジデンス投資法人

東証／3269

株価（投資口価格）
31万8000円

伊藤忠グループをスポンサーとする住居特化型リート。資産規模は4800億円超と住居特化型の中で最大。東京23区の投資比率が7割。ハイグレードな賃貸マンションブランド「RESIDIA」を展開し高稼働率を維持。

運用資産種別：**住宅特化型**

住宅 100%

分配金予測利回り	NAV倍率	保有物件数	メインスポンサー
	0.97倍	**283物件**	**伊藤忠商事㈱**
3.72%	LTV	稼動率	**伊藤忠都市開発㈱**
	47.30%	**96.70%**	

●分配金実績（1月／7月）

2023年1月	2023年7月	2024年1月	2024年7月	2025年1月
5840円	**5850円**	**5900円**	**5905円**	**5910円**
			（予想）	（予想）

格付　【JCR】長期発行体格付：**AA**

アクティビア・プロパティーズ投資法人

東証／3279

株価（投資口価格）
38万500円

東急不動産をスポンサーとする複合型リート。中長期にわたり競争力を有するポートフォリオ構築のため、都市型商業施設と東京オフィスを投資比率70％以上の重点的な投資対象とする。資産規模は5400億円超。

運用資産種別：**複合（商業施設・オフィス）型**

アクティビア・アカウント 19.1%
都市型商業施設 33.6%

東京オフィス 47.3%

分配金 予測利回り	NAV倍率	保有物件数	メイン スポンサー
	0.86倍	**46物件**	
4.89%	LTV	稼動率	**東急不動産㈱**
	46.7%	**99.1%**	

●分配金実績（5月／11月）

2022年11月	2023年5月	2023年11月	2024年5月	2024年11月
9300円	**9875円**	**9611円**	**9300円**	**9300円**
			（予想）	（予想）

格付　【JCR】長期発行体格付：**AA**（安定的）、債券格付：**AA**

GLP投資法人

東証／3281

株価（投資口価格）
12万2200円

物流施設の開発・運営の国際的大手ＧＬＰグループの日本法人をスポンサーとする物流施設特化型リート。上場以来、増資により外部成長を加速させ、資産規模は8800億円超。旗艦物件は「ＧＬＰ座間」。

運用資産種別：**物流施設特化型**

物流施設 100%

分配金 予測利回り	NAV倍率	保有物件数	メイン スポンサー
	0.80倍	**91物件**	
4.43%	LTV	稼動率	**GLPCPジャパ ン㈱**※
	44.20%	**99.20%**	

※GLPキャピタルパートナーズジャパン㈱（100％）

●分配金実績（2月／8月）

2022年8月	2023年2月	2023年8月	2024年2月	2024年8月
3051円	**3134円**	**3224円**	**2753円**	**2706円**
			（予想）	（予想）

【JCR】長期発行体格付：**AA-**（ポジティブ）

コンフォリア・レジデンシャル投資法人

東証／3282

株価（投資口価格）
29万2500円

主な投資対象は東急不動産プロデュースの都市型賃貸レジデンス「コンフォリア」シリーズ。東京圏を重視。現在のポートフォリオは東京圏が9割以上。旗艦物件は「コンフォリア新宿イーストサイドタワー」。

運用資産種別：**住宅特化型**

運営型賃貸住宅 6.8%
賃貸住宅 93.2%

分配金予測利回り	NAV倍率	保有物件数	メインスポンサー
	0.90倍	**161物件**	
	LTV	稼動率	**東急不動産㈱**
3.87%	**50.60%**	**97.00%**	

●分配金実績（1月／7月）

2023年1月	2023年7月	2024年1月	2024年7月	2025年1月
5487円	**5620円**	**5650円**	**5660円**	**5670円**
			（予想）	（予想）

【JCR】長期発行体格付：**AA+**（安定的）、債券格付：**AA+**【R&I】長期発行体格付：**AA**（安定的）、債券格付：**AA**

日本プロロジスリート投資法人

東証／3283

株価（投資口価格）
25万7300円

物流施設の開発・運営などの国際的大手プロロジス・グループをスポンサーとする物流施設特化型リート。一定の規模、良好な立地条件、最新鋭の設備、利便性、安全性を兼ね備えたAクラス物流施設に重点投資。

運用資産種別：**物流施設特化型**

物流施設（Aクラス物流施設） 100%

分配金予測利回り	NAV倍率	保有物件数	メインスポンサー
	0.89倍	**59物件**	**㈱プロロジス**
	LTV	稼動率	**(100%)**
3.96%	**37.80%**	**98.30%**	

●分配金実績（5月／11月）

2022年11月	2023年5月	2023年11月	2024年5月	2024年11月
4927円	**4940円**	**5085円**	**5095円**	**5092円**
			（予想）	（予想）

【JCR】長期発行体格付：A（見通し：安定的）

星野リゾート・リート投資法人

東証／3287

株価（投資口価格）
56万9000円

ホテルの開発・運営や再生事業にも強みを持つ星野リゾートをスポンサーとするホテル特化型リート。2013年上場以来コンスタントに増資を行い、資産規模は上場来の10倍超の2000億円へ拡大。

運用資産種別：**ホテル・旅館特化型**

ホテル、旅館及び付帯施設 100%

分配金予測利回り	NAV倍率	保有物件数	メインスポンサー
	0.99倍	**69物件**	
3.06%	LTV	稼動率	㈱星野リゾート
	39.00%	**77.6%**※	

●分配金実績（4月／10月）

2022年10月	2023年4月	2023年10月	2024年4月	2024年10月
7681円	**8385円**	**8557円**	**8700円**	**8700円**
			（予想）	（予想）

【JCR】長期発行体格付：A＋（安定的）

Oneリート投資法人

東証／3290

株価（投資口価格）
25万1600円

マーケット規模が大きく、多くの取得機会と中長期的に安定した賃貸需要が見込める中規模オフィスビルを重点投資対象とする。資産規模は1200億円。今後も物件入替えによって質的改善を継続。

運用資産種別：**オフィスビル運用型**

オフィスビル 100%

分配金予測利回り	NAV倍率	保有物件数	メインスポンサー
	0.88%	**32物件**	
5.10%	LTV	稼動率	みずほリアルティ One㈱
	48.6%	**98.9%**	

●分配金実績（2月／8月）

2022年8月	2023年2月	2023年8月	2024年2月	2024年8月
7120円	**6842円**	**6821円**	**6580円**	**6410円**
			（予想）	（予想）

【JCR】長期発行体格付：**AA-**（ポジティブ）

イオンリート投資法人

東証／3292

株価（投資口価格）
13万5300円

アジア最大規模の小売業イオングループがスポンサー。日本全国に分散投資するとともに、マレーシアにも2件商業施設を所有しており、中長期的に経済発展が見込める国・地域も投資対象とする。

運用資産種別：商業施設等

超広域商圏型ショッピングセンター 6.2%
コミュニティ型ショッピングセンター 4.5%

広域商圏型ショッピングセンター 82.4%
物流施設 6.9%

分配金予測利回り	NAV倍率	保有物件数	メインスポンサー
	0.89倍	**48物件**	
4.93%	LTV	稼動率	**イオン㈱**
	44.6%	**98.4%**	

●分配金実績（1月／7月）

2022年7月	2023年1月	2023年7月	2024年1月	2024年7月
3274円	**3283円**	**3350円**	**3350円**	**3335円**
			（予想）	（予想）

【JCR】長期発行体格付：**AA**（格付の見通し：安定的）

ヒューリックリート投資法人

東証／3295

株価（投資口価格）
14万5300円

不動産賃貸のヒューリックをスポンサーとする総合型リート。東京圏のオフィスと商業施設にポートフォリオの80%程度、有料老人ホームやネットワークセンターなどの次世代アセットを20%程度取得する方針。

運用資産種別：総合型

東京コマーシャル・プロパティ 78.2%
有料老人ホーム：10.5%
ネットワークセンター：5.0%
ホテル：6.2%

オフィス：67.2%
商業施設：11.1%
次世代アセット・プラス 21.8%

分配金予測利回り	NAV倍率	保有物件数	メインスポンサー
	0.79倍	**67物件**	
4.79%	LTV	稼動率	**ヒューリック㈱**
	44.8%	**97.5%**※	

※オフィス

●分配金実績（2月／8月）

2022年8月	2023年2月	2023年8月	2024年2月	2024年8月
3700円	**3480円**	**3480円**	**3480円**	**3480円**
			（予想）	（予想）

【JCR】長期発行体格付：**A+**（安定的）

日本リート投資法人

東証／3296

株価（投資口価格）
33万7000円

ＳＢＩグループをメインスポンサーとする総合型リート。都心の中規模オフィスと三大都市圏の住宅に重点投資し、住宅や商業施設にも分散投資。需給バランスと分散に着眼した磐石なポートフォリオを追究する。

運用資産種別：**総合型（オフィス・住宅・商業施設）**

オフィス 71.5% 　　　住宅 25.4%

商業施設 3.1%

分配金予測利回り	NAV倍率	保有物件数	メインスポンサー
	0.79倍	112物件	SBIFS㈱、CWAM㈱、AAA㈱※
5.19%	LTV	稼動率	
	48.1%	97.9%	

※SBIファイナンシャルサービシーズ㈱、クッシュマン・アンド・ウェイクフィールド・アセットマネジメント㈱、アジリティー・アセット・アドバイザーズ㈱

●分配金実績（6月／12月）

2022年12月	2023年6月	2023年12月	2024年6月	2024年12月
8387円	8381円	8854円	8810円（予想）	8678円（予想）

格付 【JCR】長期発行体格付：**A-**（安定的）

トーセイ・リート投資法人

東証／3451

株価（投資口価格）
13万8300円

不動産再生などを行うトーセイをスポンサーとする総合型リート。スポンサーの目利き力・リーシング力・再生力を活かし、築年数にとらわれない競争力のある物件に投資。資産規模は800億円。

運用資産種別：**総合型**

オフィス 43.3% 　　　住宅 49.4%

商業施設 7.3%

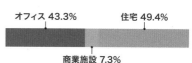

分配金予測利回り	NAV倍率	保有物件数	メインスポンサー
	0.91倍	62物件	トーセイ㈱※
5.29%	LTV	稼動率	
	47.7%	96.5%	

※100%

●分配金実績（4月／10月）

2022年10月	2023年4月	2023年10月	2024年4月	2024年10月
3638円	3682円	3706円	3610円	3700円
			（予想）	（予想）

【JCR】長期発行体格付：**AA**（安定的）、【R&I】発行体格付：**AA-**（安定的）

積水ハウス・リート投資法人

東証／3309

株価（投資口価格）
7万6600円

積水ハウスをスポンサーとする総合型リート。「好立地・高品質」の住居とオフィスビルが中核資産。中期の投資比率目標は住居65％、オフィス30％、その他（ホテルや商業施設）5％とする。

運用資産種別：**住居・オフィスビル中心**

住居 48.8%　オフィスビル 48.1%

ホテル 3.1%

分配金予測利回り	NAV倍率	保有物件数	メインスポンサー
4.66%	**0.88倍**	**121物件**	**積水ハウス㈱**※2
	LTV	稼動率	
	45.2%	**94.4%**※1	

※1 オフィス／※2 100%

●分配金実績（4月／10月）

2022年10月	2023年4月	2023年10月	2024年4月	2024年10月
1714円	**1781円**	**1976円**	**1835円**（予想）	**1732円**（予想）

【JCR】長期発行体格付：**A+**（安定的）

ヘルスケア＆メディカル投資法人

東証／3455

株価（投資口価格）
12万9700円

ヘルスケア施設特化型のJリート。有料老人ホーム、医療関連施設がポートフォリオの80％超を占める。三井住友銀行やNECキャピタルソリューションなどを主要スポンサーとし、投資物件の拡充に注力する。

運用資産種別：**ヘルスケア施設等**

有料老人ホーム・医療関連施設等 16.5%
医療関連施設等 2.6%
有料老人ホーム 74.9%

サービス付き高齢者向け住宅 6.0%

分配金予測利回り	NAV倍率	保有物件数	メインスポンサー
4.93%	**0.97倍**	**53物件**	**㈱三井住友銀行ほか**※
	LTV	稼動率	
	48.50%	**100.00%**	

※シップヘルスケアホールディングス㈱、NECキャピタルソリューション㈱、三井住友ファイナンス＆リース㈱、SMBC日興証券㈱、㈱陽栄、銀泉㈱、神戸土地建物㈱、室町建物㈱

●分配金実績（1月／7月）

2022年7月	2023年1月	2023年7月	2024年1月	2024年7月
3367円	**3557円**	**3282円**	**3235円**（予想）	**3200円**（予想）

格付 【JCR】長期発行体格付：**A**（安定的）

サムティ・レジデンシャル投資法人

東証／3459

株価（投資口価格）
10万3000円

賃貸住宅に投資する住宅特化型リート。首都圏に偏ることなく、日本全国の良質な住宅を投資対象としている点が強み。実際にポートフォリオの74.9%は地方都市の物件。サムティグループがメインスポンサー。

運用資産種別：**住宅特化型**

賃貸住宅 100%

分配金予測利回り	NAV倍率	保有物件数	メインスポンサー
	0.85倍	**180物件**	
	LTV	稼動率	**サムティ㈱**
4.85%	**49.66%**	**96.9%**	

●分配金実績（1月／7月）

2022年1月	2022年7月	2023年1月	2023年7月	2024年1月
2764円	**3021円**	**2753円**	**2788円**	**2841円**

格付 【JCR】長期発行体格付：**AA** 【R&I】発行体格付：**AA**

野村不動産マスターファンド投資法人

東証／3462

株価（投資口価格）
14万700円

野村不動産グループをスポンサーとする国内最大級の総合型リート。オフィス、住宅、商業施設、物流施設と幅広く分散投資を行い、資産規模は1兆1000億円超。コロナ禍中も95%以上の高稼働率を維持した。

運用資産種別：**総合型**

オフィス 43.7%　物流施設 20.1%　宿泊施設 0.6%
商業施設 16.0%　居住用施設 19.1%　その他 0.5%

分配金予測利回り	NAV倍率	保有物件数	メインスポンサー
	0.79倍	**291物件**	**野村不動産ホールディングス㈱**
	LTV	稼動率	
4.65%	**43.7%**	**98.9%**	

●分配金実績（2月／8月）

2021年8月	2022年2月	2022年8月	2023年2月	2023年8月
3288円	**3244円**	**3300円**	**3312円**	**3402円**

いちごホテルリート投資法人

東証／3463

株価（投資口価格）
10万8300円

いちご株式会社をスポンサーとし、ホテル用不動産に投資する。投資先ホテルの業績はコロナ禍以降、再び成長基調へ。また、契約更改やテナント入れ替えを積極的に行い、さらなる収益向上が見込める。

運用資産種別：**ホテル特化型**

ホテル 100%

分配金予測利回り	NAV倍率	保有物件数	メインスポンサー
	0.82倍	**30物件**	
5.04%	LTV	稼動率	**いちご㈱**
	43.4%	**83.2%**	

● 分配金実績（1月／7月）

2022年1月	2022年7月	2023年1月	2023年7月	2024年1月
1345円	**1418円**	**2240円**	**2831円**	**2976円**

ラサールロジポート投資法人

東証／3466

株価（投資口価格）
15万600円

物流施設を投資対象とし、中でも東京・大阪エリアに所在する大規模・高機能の「プライム・ロジスティクス」へ重点投資。外資系の不動産投資大手ラサールグループがスポンサーで、資産規模は3800億円超。

運用資産種別：**物流施設特化型**

物流施設 100%

分配金予測利回り	NAV倍率	保有物件数	メインスポンサー
	0.93倍	**22物件**	
4.74%	LTV	稼動率	**ラサール不動産投資顧問㈱**
	42.1%	**99.0%**	

● 分配金実績（2月／8月）

2021年8月	2022年2月	2022年8月	2023年2月	2023年8月
3193円	**3137円**	**3079円**	**3097円**	**3090円**

【JCR】長期発行体格付：**A**（安定的）【R&I】発行体格付：**A-**（安定的）

スターアジア不動産投資法人

東証／3468

株価（投資口価格）
5万5300円

総合運用会社スターアジアグループをスポンサーとする総合型リート。東京圏のオフィス、ホテル、住宅などに優先投資。26年度までの中期目標として資産規模3000億円、1口当たり分配金1600円以上を掲げる。

運用資産種別：総合型

オフィス 38.4%　住宅 19.4%　物流施設 15.6%
商業施設 14.2%　ホテル 12.4%

分配金 予測利回り	NAV倍率	保有物件数	メイン スポンサー
	0.97倍	71物件	
	LTV	稼動率	Star Asia Asset
5.5%	46.28%	97.5%	Management

●分配金実績（1月／7月）

2022年1月	2022年7月	2023年1月	2023年7月	2024年1月
1478円	1476円	1491円	1586円	1524円

【JCR】長期発行体格付：**A-**（安定的）

マリモ地方創生リート投資法人

東証／3470

株価（投資口価格）
11万9300円

分譲マンション開発や市街地再開発を手掛けるマリモがスポンサーの総合型リート。地方の住宅・商業施設を主な投資対象とする。地域別内訳では、九州エリアが29%、東海エリアが14%と全国に分散。

運用資産種別：総合型

レジデンス 46.4%　ホテル 1.9%
商業施設 39.7%　オフィス 12.0%

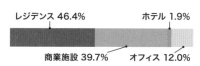

分配金 予測利回り	NAV倍率	保有物件数	メイン スポンサー
	0.83倍	52物件	
	LTV	稼動率	㈱マリモホール
5.47%	48.71%	99.0%	ディングス

●分配金実績（6月／12月）

2021年12月	2022年6月	2022年12月	2023年6月	2023年12月
3924円	3817円	3689円	3713円	3452円

07

銘柄リスト

【JCR】長期発行体格付：**AA**（安定的）

三井不動産ロジスティクスパーク投資法人

東証／3471

株価（投資口価格）
44万3000円

三井不動産をスポンサーとする物流施設リート。主な投資対象は物流施設だが、ポートフォリオの20％以内でデータセンターなどのインダストリアル不動産にも投資する方針。資産規模は3900億円。

運用資産種別：**物流施設中心型**

データセンター 8.0%
物流施設 92.0%

分配金予測利回り	NAV倍率	保有物件数	メインスポンサー
	0.93倍	**30物件**	
4.18%	LTV	稼動率	**三井不動産㈱**
	38.63%	**99.8%**	

● 分配金実績（1月／7月）

2022年1月	2022年7月	2023年1月	2023年7月	2024年1月
7895円	8353円	8401円	8804円	8898円

なし

日本ホテル＆レジデンシャル投資法人

東証／3472

株価（投資口価格）
8万1700円

スポンサーが大江戸温泉物語グループからアパホールディングスへ交代。余暇活動施設（温泉・温浴関連施設など）を重点対象としながら、アコモデーション施設（賃貸住宅、寮など）への投資機会拡大を進める。

運用資産種別：**ホテル＋住宅**

住居 13.6%
ホテル 86.4%

分配金予測利回り	NAV倍率	保有物件数	メインスポンサー
	0.74倍	**15物件**	
3.87%	LTV	稼動率	**アパホールディングス㈱**
	36.38%	**76.5%**	

● 分配金実績（5月／11月）

2021年11月	2022年5月	2022年11月	2023年5月	2023年11月
1686円	1521円	1404円	1444円	1464円

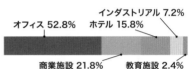

格付 【JCR】**A+**（安定的）【R&I】**A**（安定的）

投資法人みらい

東証／3476

株価（投資口価格）

4万4150円

三井物産アセットマネジメント・ホールディングスと不動産投資会社イデラキャピタルをスポンサーとする総合型リート。オフィスなどのコアアセットと、高い収益性を期待できるグロースアセットを組み入れる。

運用資産種別：**総合型**

オフィス 52.8%　ホテル 15.8%　インダストリアル 7.2%
商業施設 21.8%　教育施設 2.4%

分配金予測利回り	NAV倍率	保有物件数	メインスポンサー
	0.85倍	**42物件**	
	LTV	稼動率	**三井物産AMH㈱**※
5.29%	**–**		

※三井物産アセットマネジメント・ホールディングス㈱

●分配金実績（4月／10月）

2021年10月	2022年4月	2022年10月	2023年4月	2023年10月
1289円	**1267円**	**1313円**	**1305円**	**1215円**

格付 【JCR】長期発行体格付：**AA**（安定的）

三菱地所物流リート投資法人

東証／3481

株価（投資口価格）

36万3000円

大手総合デベロッパーである三菱地所をスポンサーとする物流施設中心型リート。主要投資対象は物流施設。ポートフォリオの20％を上限として工場、研究施設などの産業用不動産へも投資。資産規模は2700億円。

運用資産種別：**物流施設中心型**

その他 5.5%
物流施設 94.5%

分配金予測利回り	NAV倍率	保有物件数	メインスポンサー
	0.92倍	**34物件**	
	LTV	稼動率	**三菱地所㈱**
4.45%	**38.03%**	**100.00%**	

●分配金実績（2月／8月）

2021年8月	2022年2月	2022年8月	2023年2月	2023年8月
6764円	**7174円**	**7353円**	**7628円**	**7832円**

07

銘柄リスト

153

CREロジスティックスファンド投資法人

東証／3487

株価（投資口価格）
14万6000円

物流不動産に特化した日本の不動産会社シーアールイー（CRE）がスポンサーの物流施設特化型リート。CREが開発する物流関連施設「ロジスクエア」に重点をおいたポートフォリオを構築。資産規模は1600億円。

運用資産種別：**物流施設特化型**

物流施設 100%

分配金予測利回り	NAV倍率	保有物件数	メインスポンサー
	0.82倍	**21物件**	㈱シーアールイー
4.98%	LTV	稼動率	
	44.10%	**100.0%**	

●分配金実績（6月／12月）

2021年12月	2022年6月	2022年12月	2023年6月	2023年12月
3524円	**3577円**	**6274円**	**3626円**	**3820円**

ザイマックス・リート投資法人

東証／3488

株価（投資口価格）
11万4400円

総合不動産マネジメント会社ザイマックスがスポンサー。オフィス・商業施設・ホテルが主要投資対象の総合型リート。スポンサーのマネジメント力、見極め力、ソーシング力という３つの力を最大限活用する。

運用資産種別：**総合型**

その他（住宅）2.1%
オフィス 58.3%　ホテル 10.1%
商業施設 29.5%

分配金予測利回り	NAV倍率	保有物件数	メインスポンサー
	0.78倍	**18物件**	㈱ザイマックス
5.4%	LTV	稼動率	
	40.9%	**99.6%**	

●分配金実績（2月／8月）

2021年8月	2022年2月	2022年8月	2023年2月	2023年8月
2900円	**3896円**	**4019円**	**3262円**	**3166円**

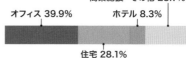

格付 【JCR】長期発行体格付：**A**（安定的）【R&I】発行体格付：**A-**（安定的）

タカラレーベン不動産投資法人

東証／3492

株価（投資口価格）
9万7300円

マンションデベロッパー、タカラレーベンの親会社MIRARTHホールディングスをメインスポンサーとする総合型リート。上場来オフィスの投資比率が高かったが、2024年1月に住居中心へ方針変更を発表。

運用資産種別：**総合型**

オフィス 39.9%　　商業施設・その他 23.7%　　ホテル 8.3%

住宅 28.1%

分配金予測利回り	NAV倍率	保有物件数	メインスポンサー
	0.92倍	63物件	**MIRARTHホールディングス㈱**
5.55%	LTV	稼動率	
	47.09%	98.3%	

●分配金実績（2月／8月）

2021年8月	2022年2月	2022年8月	2023年2月	2023年8月
3156円	3120円	3008円	2710円	2617円

格付 【JCR】：**AA-**

アドバンス・ロジスティクス投資法人

東証／3493

株価（投資口価格）
11万9600円

主要投資対象は物流施設だが、ポートフォリオの20%を上限にその他用途の不動産も組入可能。「不動産・物流×商社・商流」「好立地×築浅」「長期契約×優良テナント」がキーワード。資産規模は1300億円。

運用資産種別：**物流施設特化型**

物流施設 100%

分配金予測利回り	NAV倍率	保有物件数	メインスポンサー
	0.77倍	13物件	**伊藤忠商事㈱**
4.73%	LTV	稼動率	
	42.4%	100%	

●分配金実績（2月／8月）

2021年7月	2022年1月	2022年7月	2023年2月	2023年8月
2492円	2755円	2715円	2723円	2826円

07

銘柄リスト

エスコンジャパンリート投資法人

東証／2971

株価（投資口価格）
12万4000円

不動産総合デベロッパー日本エスコンをスポンサーとする複合型リート。商業施設を中心に住宅、持続可能な社会の実現に資する資産（ヘルスケア、教育関連施設、災害時拠点となるホテルなど）にも投資。

運用資産種別：**商業施設中心型**

商業施設 55%

底地 55%

分配金予測利回り	NAV倍率	保有物件数	メインスポンサー
	1.05倍	**38物件**	
	LTV	稼動率	㈱日本エスコン
5.05%	**43.81%**	**99.3%**	

●分配金実績（1月／7月）

2022年1月	2022年7月	2023年1月	2023年7月	2024年1月
3593円	**3604円**	**5283円**	**3238円**	**3227円**

格付 なし

サンケイリアルエステート投資法人

東証／2972

株価（投資口価格）
8万6100円

フジ・メディア・ホールディングスの連結子会社サンケイビルがスポンサー。2023年10月、オフィス中心型から総合型リートへの転換を表明。ホテル・物流施設・住宅の投資比率を最大50%程度まで引き上げる。

運用資産種別：**総合型**

サブアセット 13.4%
オフィスビル 86.6%

分配金予測利回り	NAV倍率	保有物件数	メインスポンサー
	0.74倍	**16物件**	
	LTV	稼動率	㈱サンケイビル
4.91%	**50.8%**	**85.6%**	

●分配金実績（2月／8月）

2021年8月	2022年2月	2022年8月	2023年2月	2023年8月
2862円	**2979円**	**3158円**	**2305円**	**2418円**

SOSiLA物流リート投資法人
東証／2979

株価（投資口価格）
11万6200円

スポンサーの住友商事が開発する物流施設「SOSiLA」シリーズに重点投資。主要投資対象は物流施設。ポートフォリオの20％以内でインダストリアル不動産（データセンター、通信施設、研究施設など）にも投資。

運用資産種別：**物流施設中心型**

インダストリアル不動産 6.7%
物流不動産 93.3%

分配金予測利回り	NAV倍率	保有物件数	メインスポンサー
	0.83倍	**17物件**	
	LTV	稼動率	**住友商事㈱**
4.76%	**42.2%**	**100.0%**	

●分配金実績（5月／11月）

2021年11月	2022年5月	2022年11月	2023年5月	2023年11月
2577円	**2579円**	**2671円**	**2628円**	**2830円**

東海道リート投資法人
東証／2989

株価（投資口価格）
12万2000円

東海エリアへ重点投資。静岡・愛知・三重の３県への投資比率は60％以上に上る。投資対象を、物流施設・オフィスビルなどの産業インフラアセットと、住宅・商業施設の底地など生活インフラアセットに区分。

運用資産種別：**総合型**

生活インフラアセット 65.2%
産業インフラアセット 34.8%

分配金予測利回り	NAV倍率	保有物件数	メインスポンサー
	1.07倍	**22物件**	
	LTV	稼動率	**ヨシコン㈱**
5.44%	**46.2%**	**99.6%**	

●分配金実績（1月／7月）

2022年1月	2022年7月	2023年1月	2023年7月	2024年1月
2446円	**3170円**	**3211円**	**3342円**	**3351円**

07

銘柄リスト

索引

著者プロフィール

酒井 富士子（さかい ふじこ）

経済ジャーナリスト／金融メディア専門の編集プロダクション・株式会社回遊舎 代表取締役。上智大学卒業。日経ホーム出版社（現日経BP社）にて「日経ウーマン」「日経マネー」副編集長を歴任。リクルートの「赤すぐ」副編集長を経て、2003年から現職。「お金のことを誰よりもわかりやすく発信」をモットーに、暮らしに役立つ最新情報を解説する。近著に『知りたいことがぜんぶわかる！新NISA＆iDeCoの超基本』（Gakken）『おひとりさまの終活準備BOOK』（三笠書房）など多数。

スタッフ

カバーデザイン：クオルデザイン 坂本 真一郎
カバーイラスト：iStock.com/yogysic
本文イラスト：中央制作社
本文デザイン：横井 登紀子

高配当5％投資術
新NISA ＋ J-REITで月5万の「余裕」をつくる。

発行日	2024年 6月24日	第1版第1刷

著　者　　酒井　富士子

発行者　　斉藤　和邦
発行所　　株式会社　秀和システム
　　　　　〒135-0016
　　　　　東京都江東区東陽2-4-2　新宮ビル2F
　　　　　Tel 03-6264-3105（販売）Fax 03-6264-3094
印刷所　　株式会社　シナノ

©2024 Fujiko Sakai　　　　　　　　　　　　Printed in Japan
ISBN978-4-7980-7193-0 C0033